情商高的人
跟谁都能聊得来

∞ 领略说话精髓，悟透说话之道 ∞

小 彬◎著

北方文艺出版社

图书在版编目（CIP）数据

情商高的人跟谁都能聊得来 / 小彬著. -- 哈尔滨：北方文艺出版社, 2019.9
　ISBN 978-7-5317-4582-2

Ⅰ.①情… Ⅱ.①小… Ⅲ.①语言艺术-通俗读物 Ⅳ.① H019-49

中国版本图书馆 CIP 数据核字（2019）第 138111 号

情商高的人跟谁都能聊得来
Qingshanggao De Ren Genshui Douneng Liaodelai

作　者 / 小　彬	
责任编辑 / 路　嵩	封面设计 / 米　乐
出版发行 / 北方文艺出版社	邮　编 / 150080
发行电话 /（0451）85951921 85951915	经　销 / 新华书店
地　址 / 哈尔滨市南岗区林兴街 3 号	网　址 / www.bfwy.com
印　刷 / 三河市人民印务有限公司	开　本 / 880mm×1230mm　1/32
字　数 / 186 千	印　张 / 9
版　次 / 2019 年 9 月第 1 版	印　次 / 2019 年 9 月第 1 次印刷
书　号 / ISBN 978-7-5317-4582-2	定　价 / 42.00 元

目 录
CONTENTS

第一章　高情商的人，初次见面就能相聊甚欢

1. 高情商的人都在用的搭讪技巧 / 003
2. 豁出去，克服开口前的恐惧心理 / 006
3. 寒暄是开启闲聊模式的神器 / 009
4. 高情商的人，总会说到共同点 / 013
5. 初次见面，无论怎么聊都不会觉得尴尬的话题 / 016
6. 第一形象要表达出正能量 / 019

第二章　让别人拥有存在感，你就赢了

1. 如果心不在焉，还没开口你就输了 / 025
2. 高情商的人懂得给对方足够的优越感 / 028
3. 就算是主角也可以少说 / 030
4. 学富五车，不如关心别人的感受 / 033
5. 让人觉得那是他自己的主意 / 036

6. 算命先生的奇招：给对方"说中了"的感觉 / 039

7. 实在无言以对时，就虚心求教 / 042

8. 赞美那些每个人都显而易见的"部分" / 045

9. 任何话题，首先表示肯定都能避免反感 / 048

第三章　在高情商的人的字典里，没有"冷场"这个词

1. "我很内向，所以不会聊天"这是错误的想法 / 053

2. 情商低的人是如何把天聊死的 / 056

3. 说让人舒服的话，是高情商最基本的修养 / 060

4. 一字之差，就显情商高低 / 064

5. 跟会聊天的人在一起是怎样的一种体验 / 067

6. 无论如何，一定要开发出共同话题 / 070

7. 微笑是没有国界的语言 / 073

第四章　提问和倾听，这是一项技术活

1. 好汉爱提当年勇，你要给他人机会诉说得意 / 079

2. 要避免只能换来"是"或者"不是"的提问 / 082

3. 使用"跟我讲讲"这个魔法词语 / 085

4. 有些事，再好奇也要忍着不问 / 088

5. 聊天的价值在于最后那一句"你觉得呢"？/ 091

6. 清空成见，认真倾听 / 094

7. 恰当的附和让你成为好的倾听者 / 097

8. 你要做的就是耐心听对方说完 / 100

9. 你用百度能解决的问题，就不要问别人 / 104

第五章　注重聊天中的情绪是高情商的法宝

1. 当别人夸奖你，避免让人无语的回应 / 109
2. 少泼冷水多夸赞是情商的最低要求 / 112
3. 这样的回复，友谊的小船会说翻就翻 / 115
4. 交谈不是有奖竞赛，抢答会让人很不爽 / 118
5. 聊天求的就是轻松愉悦，千万不要较真 / 120
6. 学会适可而止，别人下次才敢继续跟你聊 / 122
7. 聊天，聊的其实是尊重 / 124
8. 别人生气的时候，别讲大道理 / 127
9. 同理心：不是认同对方的道理，而是认同对方的感受 / 130
10. 对方抱怨，耐心倾听好过给解决方案 / 133

第六章　你的好心，要用更令人舒服的方式表达

1. 为什么你的好心，对方却不领情 / 139
2. 如何提建议，才能避免显出自己的优越感 / 142
3. 批评的话，也可以很悦耳 / 145
4. 说点你的悲惨事，让他治愈一下 / 148
5. 安慰人的话，如何才不会越说越伤人 / 151
6. 欲否定，先肯定 / 154
7. 传达感情，别只会说 / 156
8. 如果对方冲你发火 / 160

第七章　高情商的人如何应对令人棘手的聊天

1. 话题卡住了，赶紧换，不要恋战 / 165
2. 对方与你争辩，把胜利让给他 / 168
3. 有人故意刁难你，机智应对 / 171
4. 遭遇尴尬，及时出面打圆场 / 173
5. 面对讨厌自己的人，如何聊才能让其改变心意 / 176
6. 假装没尴尬，继续聊下去 / 179
7. 面对"话题终结者"也能聊，才是真强 / 181
8. 拥有童心，才能打开小朋友的心扉 / 184
9. 恰当的措辞，让你成功和"火星人"对话 / 188
10. 有"梗"时，不妨顺着话茬往下接 / 191

第八章　可以无知但不能无趣，让自己变得有趣起来

1. 当你开始自黑的时候 / 197
2. 搞笑的自我介绍让人印象深刻 / 200
3. 勇于分享自己的糗事 / 203
4. 用比喻来烘托气氛 / 206
5. 做个会讲故事的高手 / 208
6. 运用丰富的肢体语言 / 212
7. 抢在别人笑你之前笑自己 / 214
8. 借题发挥的幽默，是对话中的彩蛋 / 217
9. 巧用俏皮话，提升幽默感 / 219
10. 高情商就是有分寸地开玩笑 / 222

第九章 不同对象和场合,聊天实战九大技巧

1. 和女孩子约会怎么启动聊天话题 / 227
2. 和心仪的男生聊什么 / 230
3. 与客户聊天,开场白说几句行话 / 232
4. 面试官开启聊天模式,你该怎么办? / 235
5. 怎么跟面试官谈钱却不伤感情 / 238
6. 情商够高,才能跟老板说"不" / 242
7. 面对"大人物",聊聊他们的艰难奋斗史 / 244
8. 分享荣耀时,要提到伙伴 / 248
9. 同学聚会,千万不要这么聊 / 250

第十章 电话和网络聊天,如何展现你的高情商

1. 电话聊天的开场白怎么说 / 255
2. 通过话筒,听出言外之意 / 258
3. 问候父母的电话要常打 / 260
4. 微信搭讪,什么样的开场白才能吸引对方聊下去 / 263
5. 网络聊天,怎么才能有聊不完的话题 / 266
6. 在微信群里和别人怎么聊天才受欢迎 / 268
7. 如何使用聊天表情,让自己更受欢迎 / 272
8. 如何礼貌结束微信聊天 / 274
9. 怎样聊天能让陌生群友成为潜在客户 / 277

第一章

高情商的人,初次见面就能相聊甚欢

1. 高情商的人都在用的搭讪技巧

在一辆公交车上，两个男孩看着对面的一个漂亮姑娘，小声说着什么。突然，一个男孩开口了："衣服真漂亮。"女孩没反应过来，左顾右盼后迷茫地冲对方回了一句："什么？"

男孩又重复了一遍，女孩才意识到对方是在称赞她。羞涩地回了一句"谢谢"，随即把目光转回到手机上，再也不敢抬头，气氛随即陷入尴尬……

开了头居然不知道如何接话题，男孩无奈地看着女孩到站下了车。生活中这样的事并不少见，这位男孩去搭讪已经很有勇气了。

"好不容易遇上个萌妹子，却让她在自己的眼前飘过，实在是太可惜了。"这样的心里对白，很多男生都曾对自己说过吧。

被一个人的外貌所吸引，进而想通过搭讪去认识对方是一件很正常、无可厚非的事情。不要被错误的社会观念误导，把搭讪当成是一件不正经的事。搭讪是社交的众多方式之一，并无任何不妥。

生活中的任何场合，我们都会面对和陌生人初次见面，如何破冰的问题。

其实，搭讪也没有那么难，只要充分开动你的情商，了解了被搭讪对象的心理,你就会有把握多了。

据调查,多数的搭讪者都被认为是劫财劫色或者骗财骗色的人。尤其是站在女性的角度上来说,当一个陌生的男子过来搭讪,美女们首先想到的就是会不会不安全?而不是为有异性来搭讪而欣喜。

所以首先要建立的是安全感。有了安全感,对方的"防护罩"就会卸下来,这就是成功搭讪的第一步。

一个男生在图书馆看到了一个总看数学书籍的漂亮女孩,为了和女孩搭讪,他在书架旁走了几个来回之后,终于鼓起勇气跑过去问了女孩一个特别深奥的数学问题。女孩惊惧之下,撂下了一句"不知道",然后转头就带着书跑远了。这就是没有营造出足够的安全感就贸然行动的失败案例。

黎华在咖啡厅见到了一个很有文艺气质的女孩,当女孩和朋友出了咖啡馆之后,他鼓起勇气跟了过去。几步来到女孩面前,然后真诚地看着女孩:"你好!我叫黎华,现在在南京大学做讲师,很希望认识你。"旁边女孩的朋友看到一脸认真的黎华,发出了善意的微笑,被搭讪的女孩也笑了,她对黎华说:"做朋友当然可以了,你好,我叫左雪……"

搭讪必须要真诚,要尽早诚实地表明自己的身份,才比较容易获得对方的信任。

懂得如何建立好信任感之后,就可以采用一些搭讪的小技巧了。只要用好以下几招,你就很容易把双方关系破冰了。

(1)问对方一个容易回答的问题

别一上来就问:"你知道圆周率第11位是几吗?"你的目的是让对方轻松接上话题,而不是考倒对方。也别为了显摆自己读书多有内涵，就问对方："美女你喜欢康德吗？"问这种问题的人很难成功，换来的只有白眼。另外要注意破冰的句子要稍微长一些，好让别人有时间反应。

（2）赞美对方的一些亮点

搭讪之前，试着观察对方，看对方身上是否有什么亮点，并想好大概要怎么把话题接下去，这对搭讪非常有帮助。而通过观察一些细节，我们还可以判断出对方的性格，工作背景等等。比如觉得女孩衣服很美，可以此为突破口打开话题。赞美对女生尤其管用，通常女孩子都会喜欢别人对自己衣着、首饰、气质的正面评价，百试百灵。一些例句像：

"哇，你的项链很特别，和你的气质很配啊，你在哪选的呀？"

"你的衣服真不错，看来你是一个很会搭配的人，经常逛街吗？"

"诶，感觉你眉毛画得真漂亮，你自己画的吗？"

"你好，你的裙子很漂亮，看起来和你很搭，你在哪买的？"

……

如果是"你的裙子真漂亮"之类的话，对方客气一下之后，话题就不好继续下去了，而使用问句的形式更容易引起对方的兴趣。

（3）寻求对方帮助或提供帮助

提供帮助靠主动，你看到心上人的书掉了，那你赶紧得帮她捡起来顺便说一句："这本书看起来不错，主要讲的是什么呀？有空我也看看。"

看到对方焦急地低头看着手机地图不知道往哪走，你就主动走上前去问一句："请问有什么可以帮助你的吗？"很自然的一句话就能提高搭讪成功的几率。

总之，不要怕，大胆一点、主动一点、真诚一点，就有可能开始并建立一段关系。

2. 豁出去，克服开口前的恐惧心理

生活中的任何场合：街上、公交站、地铁、书店、博物馆、饭店等，都有可能出现这样的情景——你突然看见让你激动，甚至是期待已久的他（她），不上去，机会可能一去不返，只能怅然若失地擦肩而过；上去呢，该说什么？他（她）不理我该怎么办？我会不会很没面子的啊？而且在你喜欢的对象面前，你会变得紧张，言语可能会结结巴巴，这一想，你就更不敢上去搭话了。

就算你鼓足勇气站了出来，但是开口讲话时，还是会觉得很不自在、很紧张。不能清晰地思考，不能集中精力，不知道自己要说的是什么……这种场景相当普遍，这是什么原因造成的呢？

其实这就是人恐惧失败的心理。当我们面对一个陌生人的时候，有些人会害羞，会犹豫不决，变得结结巴巴，就因为你害怕失败。失败的恐惧会带给你心理压力，而心理压力会使人无法发挥正常水平，导致真正的失败。

所以，所有一切的根源就是害怕失败。害怕失败的原因有：怕自尊心受到伤害、对自己不自信和对结果太过在意。这里我

们要认识到，这就是搭讪恐惧，这些恐惧害怕的心理，都是你自己加在自己身上的包袱，是主观的，跟你要交流的人无关。我们要知道搭讪是要克服恐惧才有可能成功的，当然，搭讪也需要一定的技巧。

如果你能够克服心中的恐惧，那么你不但会变得能言善辩，而且在其他方面也会产生潜移默化的影响。

那么该如何克服开口前的恐惧心理呢？

以下方法供你参考：

（1）树立充分的自信心

开始练习搭讪时，你会害羞是很正常的，但是关键之一是要多练习，练习得多了慢慢就会越来越自信。日常生活中的任何沟通交流，都需要人们克服畏惧、建立自信，这是实现有效说话的前提。只有这样，人们才能够最大限度地发挥自己的潜在能力，在各种场合下发表恰当的讲话，赢得赞誉，博得别人的喜欢，获得成功。

任何谈话开始之前，我们都要有充足的自信心。因为自信心能给我们一种安全感，使我们敢于与人交流，并在任何场合自如地发表自己的看法。

（2）认识到当众说话时的恐惧感，对人的交流是有益的

当你注意到自己开始呼吸急促、心跳加快时，千万不要太过在意，要保持冷静。因为你的身体一向对外来的刺激保持着警觉，这种警觉表明它已准备采取行动，以应付环境的挑战。假使这种心理上的准备是在某种限度之下进行的，当事者会因此而想得更快、说得更流畅，并且一般来说，还会比在普通状况下说得更为精辟有力！

所以，你大可不必躲在自己给自己设定的框框里，你应该采取热情主动的态度去与人交往。否则，恐惧将一发不可收拾，它不但会造成你心灵的滞塞、言辞的不畅、肌肉的过度痉挛，还会严重降低你说话的能力。

（3）不给自己留后路

开口前我们往往瞻前顾后，犹犹豫豫，难下决心，因为强烈的恐惧而裹足不前。我们要消除这种内心的负面感受是很困难的，但有一种方法很好，那就是不给自己留后路。

美国有个名为琼斯的新闻记者，做事总是很认真负责，兢兢业业，但是有个缺点就是极为羞怯怕生。

有一天，上司让他去访问大法官布兰德斯，琼斯大吃一惊，想也不想连忙摆手说："不行不行，我什么也没有准备，况且他根本就不认识我，是不可能接受我的采访的……"

然而琼斯的话还没说完，在场的一个同事就拨通了对方秘书办公室的电话："你好，我是明星报的记者琼斯，我们报社想采访一下布兰德斯法官，不知道他今天能否给我几分钟的时间？"

琼斯一听吓坏了，在旁边恨得大骂同事："你为什么要提我的名字？"这时电话里已然传出了对方秘书的声音："一点十五分，请准时。""琼斯先生，你的约会安排好了。"同事滑稽地耸了耸肩，而琼斯一下子呆住了。

没有后路的琼斯出色地完成了采访，成名以后的琼斯后来回忆说："那一刻是我人生中学到的最重要的一课。"

（4）放任自己想象最糟糕的结果

心理学中有对于这个问题的治疗方法叫"暴露疗法"。"暴露疗法"一开始就让患者进入到最让他们恐惧的情境中。一般采用想象的方式，鼓励病人想象最令他恐惧的场面和细节，就像以毒攻毒一样。这样患者的焦虑反应会相应消退，恐惧症状也会慢慢消除。

有一位保险推销员事业做得很成功，有人问她有什么秘诀。她说她接受了一位行销训练师的指导。这位训练师要求推销员想象自己正站在即将拜访的客户门外。下面是他们训练的内容。

训练师："请问，你现在在什么地方？"

推销员："我正站在客户家的门外。"

训练师："不错！那么，接下来，你要干什么去呢？"

推销员："我要进入这位客户的家里推销商品。"

训练师："那么，当你进入客户家里之后，你想想看，最坏的情形会是怎样的呢？"

推销员："最坏的情形一定是被客户赶出来吧。"

训练师："被赶出来后，你又会站在哪里呢？"

推销员："就还是站在客户家的门外。"

训练师："很好，那不就是你现在所站的位置吗？最坏的结果不过是回到原处，又有什么可恐惧的呢？"

搭讪可以锻炼一个人的沟通能力，是一门沟通的艺术，蕴含着勇气和智慧。当你能够和自己真心想认识的人交往，你会过得开心自在，对人群充满兴趣，生活变得无比阳光。

3. 寒暄是开启闲聊模式的神器

与陌生人交谈，最好的方法就是从一个话题到另一个话题试着说，寒暄就是开口的第一步。

然而我们周边往往充斥着"我最近很忙""没有时间"这些话语。渐渐地，仿佛"说话"都成了浪费时间的事，于是"寒暄"被大家忽视了。实际上，在人际交往中，必要的"寒暄"还是要保留的。

寒暄是开启谈话的一个重要铺垫，可以在人际交往中起到打破僵局、化解尴尬的作用。生活中和朋友见面之后，一句"早"或者一句"今天天气不错"是打破彼此之间沉默的最佳武器。接下去，短短一两句对话之后，就可以转入任何话题了。这样的聊天，彼此之间既没有隔阂，又没有成见，也不会尴尬，想聊点啥都可以。

王莹莹特别喜欢和人打交道，在工作之余，她会偶尔找个话题，和同事们聊一聊。甚至和陌生人她都能搭上话，她发现虽然这些寒暄的话题与工作无关，但是开启闲聊之后，她会了解对方的人格、兴趣、爱好等等，然后选择从一个角度或者话题切入，跟他人沟通。

有一次，客户投诉她们的产品有问题，要退回公司重检。王莹莹瞬间头大了，赶紧和品质主管商量在他们公司现场重检，客户同意了。可是，那天正巧只有王莹莹一个人值班，而工作量非常大。王莹莹正发愁，看见对方负责进料检验的几个小女孩都闲着，于是她就凑过去搭讪，跟她们寒暄，"你这双鞋不错啊！哪儿买的？我一直想买双这个样式的鞋子。"女孩很高兴地回答了她，还和她聊得热火朝天。她们问王莹莹是干什么的，王莹莹就如实地把情况告诉了她们，她们就主动帮助王莹莹一起检验。

于是，几个人一会儿就完成了。而且，因为她们就是负责抽检的女孩子，自己检的，不会再判不合格。下午，王莹莹就开开心心地回公司了。

从王莹莹的故事可见，我们通过寒暄能制造开展话题的机会，创造闲聊沟通的机会，从而拉近彼此之间的距离。

那如何寒暄才能轻松地开展闲聊呢？

（1）从打招呼开始

比如说，你在参加聚会的时候发现身边坐着一个陌生人，这个时候打招呼、问候是必不可少的。如果对方是你完全不认识的人，首先你要介绍自己，而后以各种各样的方式开始两人的相识；如果你已经从他人口中听过他的消息，了解他的一些情况，就可以从他感兴趣的话题直接入手。如果对方从事电脑行业，那么你就可以询问他一些有关电脑方面的知识；对方若是喜欢体育，你完全可以和他谈一场精彩的足球比赛，或是一次失利的体育大赛；如果对方恰好是一名园艺师，你不妨和他聊一聊你的多肉植物的养护问题……相信经过这番寒暄之后，你们极有可能完成了陌生人到朋友的过渡。

（2）摆出亲切的肢体语言

为了让人感到舒服，你要做出一个"开放的姿态"，身体微微朝向对方，和对方用眼神交流。还有把手机放下，试想如果是你，你愿意和一个老是玩手机的人聊天吗？

虽然你应该让自己看起来渴望与人交流，但也不要给人太饥渴的感觉，不要太靠近别人，容易给人太多压迫，把人吓跑。很多人都会因对方离自己太近而产生抵触感，不想继续交流下去。

(3) 给对方一个友好问候

如果你看见了熟人,喊他的名字,并问候他(如果足够熟的话,可以喊昵称):"小李你好啊,真巧啊,在这儿遇到你。"这样的问候简单直接,又能让人知道你很高兴遇到他。

而如果你们是初次见面,就要先自我介绍,只要说:"我叫XX,请问你是?"当对方告诉你名字时,你重复说一遍,会让对方感觉更特别。当你问候别人的时候,记得要微笑着注视对方,不要给对方"跟你聊真是浪费时间"这样的感觉,会让对方很不舒服。

(4) 谈的事要轻松、积极

寒暄不是看起来那么毫无意义,它是谈话双方交换信息的过程。为了接下来与对方更好聊天,你的寒暄内容应以轻松、有趣为主。如果你态度积极乐观,微笑也多,那别人会一直想和你交谈下去,哪怕你们只是在聊一些微不足道的事情。要记住,闲聊的对象可能不是你最亲密的朋友,所以你不要谈论太消极的事情,否则对方很可能会不想和你继续聊下去。

(5) 从一个小恭维开始

只要说类似"这件衣服不错,哪儿买的?"这种话就能以衣服为主题,开始一段有趣的对话。即使恭维并不能帮你开启某个话题,也会让别人在你开始讨论其他主题前,对你有些好感。

(6) 注意周围的环境

开启话题、进入聊天状态以后,可以说一些笑话改善气氛,你也可以细心观察环境找到继续聊天的话题,比如可以从旁人的穿着或墙上的装饰着手说起。

使用这种方式聊天的时候,要注意有所联系,不要太突兀。下面举些例子:"你看,那人穿的鞋子很潮啊,你可知道在哪儿可以买到?""这里放的音乐很不错啊,我就是不喜欢太吵的,你呢?""我刚看了《三体》,你有没有其他的科幻小说推荐一下?"

(7)花时间去倾听

仔细倾听别人所说的话,能帮你确定新的话题,并将对话引向更加丰富、有趣的方向。对方会对你的问题或主题做出一点评论,所以要认真倾听,看看对方说的话是否能引出新的话题。

4. 高情商的人,总会说到共同点

俗话说:"动之以情,晓之以理,情不通则理不达。"所以,我们在谈话时,要学会共情,找到共同点,实现心灵的交流和情感的沟通,这样才能和对方一见如故,开启愉快的聊天之旅。

徐东和女朋友交往的契机,是源自于毕加索的画。

徐东在一次和同学 AA 制的聚餐里,注意到了坐在隔壁的那位女孩子,这位女孩长发飘飘很文艺,徐东当场就为她的这种独特气质所倾倒。

徐东想去搭讪,但是不知道该怎么开口,正苦恼时,恰好看到女孩将毕加索的画做成书签夹在书本里,于是他就问她说:"你喜欢毕加索吗?我也很喜欢他哦!"因为这句话,两个人开始兴高采烈地大谈毕加索的哪一幅画最好,哪一幅是最有意思的等等话题。

徐东用这样的话题,迅速地和女友聊了起来,他们培养着默契和共同的话题。女孩子会期待某个可以决定她命运的人出现,而一旦遇到和自己有共同点的男性,一开始会有"真有缘分,他是决定我命运的人"的错觉,如血型、出生地、星座、兴趣等等。遇见和自己越相同的人,越觉得这个人比较能理解自己。

其实,我们都是一样的,对和自己拥有共同点的人都会有好感。人们也许会因为是校友,公司里的老员工,就会很热心地照顾你,把你纳入小圈子。而偶然机会认识的朋友,也可能只因为是老乡,就好像久未见面的朋友一般,热切地谈话。

所以,和陌生人相遇,为了打破沉默的局面,我们开口讲话也可以尽量地找些共同话题。在火车上,一名大学教师见到对面座位上一个年轻人正在看一本古典名著,于是主动与他交谈:"你是学什么专业的呀?"对方回答:"我是学中文的。""哎呀,咱们是学同一个专业的,我也是学中文的,你们上学时学的什么版本……"

这位老师,通过一些小细节,发现了两人专业上的共同点,马上就把"课本"作为这个突破口进行交谈,相互认识和了解,以至于变得亲热起来。这就是在观察对方以后,发现共同点的案例。当然,通过察言观色发现话题,还要同自己的兴趣爱好相结合,自己对此也要有兴趣,才有可能打破沉寂的气氛。否则,即使发现了共同点,也还会无话可讲,或讲一两句就"卡壳"了。

那么面对陌生人、新同事、新朋友这些新鲜的人际关系，与他们聊天时要尽快找到双方的共同点，那要如何快速找到双方共同点呢？

（1）察言观色

一个人的心理状态、精神追求、生活爱好等等，都或多或少地表现在他们的表情、服饰、谈吐举止等方面。只要你善于观察，就会发现你们的共同点。

（2）出言试探

和不认识的人聊天，为了打破沉默的局面，开口讲话是首要的。我们可以以招呼开场，一边说一边试探。通过这种方式，发现双方的共同点，开启谈话。

（3）听人介绍

你去朋友家串门，遇到有陌生人在场，作为对于二者都很熟悉的主人，会马上出面为双方介绍，说明双方与主人的关系、各自的身份、工作单位、个性特点、爱好等等。细心的人从介绍中，就能发现双方有什么共同之处。

一位公务员和一位中学教师在朋友家见面了，主人为双方分别做了介绍。他们发现彼此都是主人的同学，面对这个共同点，他们马上就围绕"同学"这个突破口进行交谈，相互认识和了解，不一会儿就变得亲热起来。这当中的关键是我们在听介绍时，要仔细地分析、认识对方，发现共同点后再在交谈中延伸，不断地发现新的共同话题。

（4）揣摩谈话

为了发现陌生人与自己的共同点，可以在需要交际的人同别人谈话时，留心分析、揣摩，也可以在对方和自己交谈时揣摩对方的话语,从中发现共同点。

(5) 步步深入,挖掘共同点

发现共同点是不太难的,这是谈话的初级阶段所需要的。随着交谈内容的深入,共同点会越来越多。为了使交谈更有益于对方,必须一步步地挖掘深层次的共同点,才能如愿以偿。寻找共同点的方法还有很多,譬如面临相同的生活环境、相同的工作任务、相同的行路方向、相同的生活习惯等等。只要仔细发现,我们与陌生人无话可讲的局面是不难被打破的。

5. 初次见面,无论怎么聊都不会觉得尴尬的话题

做生意会见客户或者出席各种聚会时,经常需要跟那些平时几乎没有交流,又或者是初次见面的人交谈。在这种时候应该如何选择交谈的话题呢?和不太熟络的人聊天时,你是否会担心选错话题,使两人陷入沉默而尴尬不已呢?

咖啡厅里,李小冉和相亲对象就遇到了这个尴尬的问题。他们已经好几分钟没说话了,就这么你看看我,我看看你,大眼瞪小眼,实在找不到话题。于是,两人只能默默期待这场相亲早点儿结束。

也不知过了多久,相亲对象终于再次开口,结果来了一句:"哈,今天天气真不错啊。"李小冉翻翻白眼,瞥了一眼窗外阴沉的天空,礼貌地回了一句:"啊,还可以。"

然后,两人又卡住了。没办法,李小冉只得主动出击。可问题是,她也不知道该聊些什么话题。

沉默了半天,最终,李小冉灵机一动,问男生喜欢吃什么。男生一听,立即来劲儿了,说自己喜欢吃盐酥鸡。这下子,两人算是聊开了,因为李小冉也是一个爱吃的家伙,两人就这么从盐酥鸡一直聊到了牛排和红酒,又一路聊到了老白干。

与人聊天,尤其是与陌生人或不太熟的人聊天,不知道聊什么,可以聊些万能话题。比如说美食,什么法餐、日料、麻辣烫、水煮鱼都是极容易说下去的话题,既可以研究它们的味道,又可以探索其中的营养,何乐而不为呢?

俗话说:"民以食为天。"我们可以不谈时尚,不去旅游,不看电影,但绝对不能不吃。事实是,不管人类科技如何发达,人类文明程度如何发展,"吃"从来不会被淘汰。

于是,美食就成了人类共同的话题,也成了人们相互交流时最好的沟通桥梁。当我们聊天不知道怎么开口的时候,不妨试着聊聊美食,瞬间就有了说不完的话,道不完的情。

说白了,这类无论怎么聊都不会觉得尴尬的话题,虽然大多没有什么内涵,但谈多了也可以逐渐增进对对方的了解,进而使双方的关系变得更亲密。

聊天对象不爱听、不搭理怎么办?

别怕,来看看下面这七种怎么聊都不会觉得尴尬的聊天话题。

(1)家乡

跟别人由家乡开始聊起是一种很好的延伸方式。比如,我们可以聊你对家乡的感觉、家乡给你带来的难忘经历,从而给对方传达出你对家乡的态度,进而勾起他的相关回应,以此来洞察他的特点而继续往下聊。

如果条件允许,你甚至可以对他进行解读。你可以通过他的朋友或者社交网络,预先收集到他的情况,比如他的家乡、他就读过的学校、他的职业、他的爱好、他的性格,在聊天中有的放矢,轻松产生共情效果。

(2) 天气

天气几乎是中外人士最常用的共同话题。天气对于生活的影响太大了,天气很好,不妨一起赞美;天气太热,也不妨交换一下彼此的苦恼;如果有什么台风、暴雨或是季节性流行病的消息,更值得拿出来谈谈,因为那是人人都关心的话题。

随着对天气的谈论,逐渐引出一些更加自然而无伤大雅的话题,这种方法十分简单方便。

(3) 兴趣爱好

如果对方是男性,则可以谈论下专业棒球等体育运动;如果对方是女性,则可以谈论下美容或健康等的话题。但由于第一次见面时,大多数人都还不了解彼此的兴趣爱好,因此这个话题在实际上比较难运用。

(4) 新闻时事

轰动一时的社会新闻,也是闲谈的资料。假使你对一些特有的新闻有特殊的意见和看法,那足可以把一批听众吸引在你的周围。

当然,最好选择广为人知的话题,比如英国威廉王子大婚的新闻等等。

(5) 旅游

旅游无疑是一个略高端的话题,这种话题会让对方觉得你是一个热爱生活、阳光开朗的人。

和别人聊天时，我们可以告诉对方，自己最近游历某地的见闻，或询问对方是否去过某地，也可以向对方推荐某个地方，或者询问对方对某地的看法。由此就可以引出对彼此家乡等的谈论，使话题的涉及面更广。

（6）家庭

关于每个家庭的各个成员和需要知道的各方面的知识。

当对方年纪比较大的时候，如果向他询问有关孩子的问题，对方大多会欣然回答。当然，或许你并未结婚也没有孩子，这种时候就要看情况而定了。

家庭方面的知识也是不错的话题，例如儿童教育、购物经验、夫妇之间怎样相处、亲友之间的交际应酬、家庭布置等，也会使大多数人产生兴趣，家庭主妇们尤其关心这类问题。

（7）衣着

如果正值四季交替的时节，我们则可以说说"最近要开始穿大衣了""已经不用穿大衣了"等等，也可以赞美对方的服装搭配及身上的饰物。

6. 第一形象要表达出正能量

生活中我们随时都可能与陌生人接触，新学期开学、到新公司上班、外出参加活动等，很多场合都需要认识新朋友。而当你和别人第一次见面时，你的言谈、举止、容貌、表情、服饰等都会在他人的脑海里留下鲜明深刻的印象，这个也就是第一形象。而这种第一形象会影响别人在与你交往过程中的情感投入，对以后交往的影响也是举足轻重的。所以高情商的人懂得给别人留下正能量满满的第一形象。

如果你负能量太多了，和人交流时总是表现出悲观、抱怨、痛苦的状态，那么跟别人一说话，别人就不愿继续聊下去了。

黄晓东第一次请女孩吃饭，餐厅是他选的。结果到了餐厅见面落座之后，一半出于性格，一半出于没话找话说。他就开始数落起餐厅来："桌布上有油渍啊，真不卫生""上菜太慢啦""你看服务员这态度""菜太难吃啦，你觉得呢"。结果吃完饭出了门，他还继续跟女孩说这家餐厅真差劲，然后女孩就生气地走了。

他错在哪里呢？首先，他说的话全部都是负面信息，没有人喜欢听负面信息，而且这些负面信息还跟自己现在做的事情——吃饭是紧密相关。大家可以想想，要是吃饭的时候，旁边的人跟你说，这家店的后厨多么脏和恶心，你还吃得下吗？而且饭店还是他自己选的，也就是说，在约会的初期，这家店的形象和男方的形象是绑在一起的！骂这家店不好，不就是骂自己，扇自己大嘴巴吗？

如果你想赢得别人的青睐，那么一开始接触，就要努力给对方留下良好的印象。

李威是一个公司的经理，他约了几个行业内的大人物在一起吃饭交流。见面之后，李威保持微笑，侃侃而谈。可就在这时候，他手中的咖啡忽然洒了，他没有慌乱，顺手拿起纸巾来擦拭干净，从头到尾他都没有停顿，听的人的注意力也没有离开过，好像洒咖啡这件事情从没发生过一样。

所以，当我们面对不可避免的或者突然出现的负面信息，就无视好了。如果桌上的咖啡洒了，李威忙不迭地找纸巾或者递纸巾，手忙脚乱地擦拭一气。又或者粘到衣服上了还要擦来擦去擦个半天，接下来再聊上一小阵洒咖啡这个话题，这样会给人不稳重的负面形象。

那么，怎么做才是正确的呢？怎样表现才能给别人留下良好深刻的第一印象呢？如下建议可供参考：

（1）注意仪表

仪表能反映个体内在的修养，好的外在形象，是展现魅力的重要手段之一。服饰的选择和搭配很重要。首先要整洁，不猥琐、不邋遢，否则，会让对方觉得你不够尊重他；其次要得体，合体的服饰能够起到画龙点睛、锦上添花的妙用。如果打扮不符合自己的年龄、性别、个性、场合，则难免会让人产生品味偏低的感觉。过分的油头粉面，求新求异，会给人一种轻浮的印象。

（2）注意谈吐

一个人的谈吐可以充分体现其魅力、才气及修养。我们要对事物保持正面、积极的看法，对任何人、任何事物不抱怨、不走极端。

注意表达的艺术。例如：当你觉得对方体态比较丰腴，不是断然地认为"有点太胖了"，而是抱着"确实有点胖！但是，这反而令这个人看起来胸襟很开阔，他可能是那种包容力很强的人呢"这种积极的想法。

总之我们谈话要保持真诚、热情、大方的交谈态度，虚情假意、言不由衷、或傲慢自居、口是心非、或躲躲闪闪、转弯抹角、或贸然发问、多嘴多舌等都会破坏交往的形象和谈话的氛围。

（3）行为举止

有些人认为，一个人的行为举止、外在仪表无关紧要。事实上并非如此，在现实生活中，一个人的举止是否优雅、言行是否得体，对于一件事情的成败往往有着直接影响。米德尔顿大主教说："高尚的品德一旦与不雅的仪表举止连在一起，也会使人生厌。"无疑地，优雅的行为举止能使社交更加轻松愉快。

一个人的行为举止与别人对他的印象息息相关。热情友好、彬彬有礼的言谈举止，无疑会给人正能量。在这种友好的交往中，人际关系也会越来越和谐。也就是说，亲切友好的行为举止会有助于你结交朋友；与此相反，不良的行为举止、粗鲁庸俗的言语只会使人顿生厌恶之感。第一印象特别重要，而一个人是否有礼貌，是否谦恭有礼往往对第一印象有十分重要的影响。总之，友善的谈吐、得体的举止、优雅的风度，这些都是让别人接纳你的通行证。

第二章

让别人拥有存在感，你就赢了

1. 如果心不在焉，还没开口你就输了

有一位名人说："不对别人感兴趣的人，他一生中的困难最多，对别人的伤害也最大。所有人类的失败，都出自于这种人。"

每个人都觉得自己很重要，或者说每个人都希望被别人认为很重要。如果对方感觉到他在你心目中很重要，一定会对你产生好感，没有人会讨厌一个喜欢自己、尊重自己的人。

有些人自视甚高，他们觉得自己很重要，却忘了别人也需要这种感觉。他们在不经意间流露出对别人的轻视，于是受到大家的疏远。只有使别人产生自己很重要的感觉，你才会受到他们的欢迎。

有一天，卸任后的罗斯福到白宫去。不巧的是，塔夫脱总统和夫人都不在。这时，他那种真诚对待所有人的态度，就完全体现出来了：他同所有的白宫仆人打招呼，而且能叫出每个人的名字，连厨房的姑娘也不例外。

当他见到厨房的爱丽丝时，问她是否还烘制玉米面包。爱丽丝回答，她有时为其他仆人烘制一些，但是楼上的人都不吃。

"他们的品位太差了！"罗斯福说道，"等我见到总统的时候，我会这样给他说。"

爱丽丝拿出一块玉米面包，放在盘子上给他，他一面吃着一面向办公室走去。他经过园丁和工人的身旁时，还不断跟他们打招呼……

越是没有架子、真诚对他人的人，越能赢得对方的尊重。

生活中，很多时候我们和别人心不在焉地说话，别人会觉得我们没有把他放在心上，和亲人朋友如此，和陌生人更是这样。

真正的沟通不在于言语的多寡，而是态度的好坏。若一个人在交谈时总是心不在焉，经常有一句没一句地应着你，那就不要和他浪费口舌了，他在心里压根没将你当朋友，甚至连最起码的尊重都没有。

确实是如此，和心不在焉的人说话，是十分累心的一件事情。

心不在焉的人心神浮游不定，很容易走神。当你告诉他一件很重要或很有趣的事情时，他却把注意力分散到别的地方，像灵魂飞到别处去了一样。眼睛看着前方，或若有所思，或突然问："噢，你说到哪儿啦？""你刚才说什么来着？"这时你一定觉得说话的兴致全无。

当然，也许有人会说这是你本人的过错，也许你讲的是他不感兴趣的事情。可是即便如此，他也不可原谅，因为他的心不在焉是一种很没礼貌、很伤人感情的行为。

如果你对别人不感兴趣，别人为什么要对你感兴趣？卡耐基说过："你要是真心地对别人感兴趣，两个月内你就能比一个光要别人对他感兴趣的人两年内所交的朋友还要多。"那么我们该如何表现对别人的兴趣呢？

首先，在交谈中和对方有视线的交流是很重要的，因为眼神的交流是沟通的一种方式。心理学家研究发现，视线能够表达爱意、诚信、信任感、依赖感、安全感等等，还能让对方觉得你在关注，你在用心倾听对方的话。

与别人交谈，思想要集中，要注意和对方眼神交流。最好是时不时地带着感情望着对方，让对方感觉到两人之间有电流在传递，而不是"两个饿坏了的人聚在一起填饱肚子"。与女友约会，要含情脉脉，吃喝点菜都是"调情"的好机会。面对外文菜单，你可以自嘲一下自己在外文上闹过的笑话，让对方觉得你好亲切；也可以趁机讲个自己去旅行时见识到的小风俗，让对方觉得你见多识广。在这么做的时候，你当然要不时地望着对方，带着点点观察，让对方充分感觉到，她在你眼中的存在。

讲到火锅要多辣的时候，看她有没有皱眉，看她有没有要起身的样子，虽然不用夸张到一个箭步跑去帮她拉椅子，但这需要你保持观察，当然也不必"端详审视"的。

一个人，如果能做到把对方看在眼里、放在心里，就算这个状态只维持一顿饭的时间，也能让对方觉得被重视，如沐春风。

其次，还要注意倾听，时刻将注意力集中在别人谈话的内容上。给予对方一个畅所欲言的空间，不抢话题，表现出一种认真、耐心、虚心的态度。

听人讲话时，通过赞同地微笑、肯定地点头，或者手势、体态等做出积极的反应，表现出对谈话内容的兴趣，和对谈话对象的接纳与尊重。

就算别人说的话不对自己的胃口，你也不能开小差。如果你觉得没意思，就突然心不在焉地说一些与朋友讲话内容毫无半点关系的事情，那么朋友难免会有意见。人家讲得再不好，出于面子，你也应该听完了再说，这是最基本的礼貌。否则，你的朋友会越来越少。

最后，牢记他人的名字会让人觉得被尊重。

社交圈子越大，人们之间的关系就会越冷漠。唯一能够使社交变得温暖一些的办法，就是记住人们的名字。

一个最简单、最明显、最重要的使人获得好感的方法，那就是牢记别人的名字，使人感觉受到了重视。在个人事业与商业交往中，牢记别人姓名的能力并非一件小事。拥有这种能力的人，将会更受人欢迎。

高情商的说话方式，要求我们多照顾别人的感受，这样才能做个让人相处不累，和任何人都能聊得来的人。

2. 高情商的人懂得给对方足够的优越感

现在很多人都喜欢在朋友圈晒自己的生活，生怕别人不知道他现在是人生赢家，而在这些炫耀的背后，却又藏着一层哲理。炫耀是为了什么呢？无非是渴望被夸奖，被尊重，这是人性。

而能够静静地看着别人秀优越感，也是高情商的一种表现。拥有高情商的人一定是一个能够让别人舒服的人。他们说话会顺着你，但又不表现出奉承，跟他们谈话，如沐春风。

懂得给别人足够的优越感，让别人在聊天中感到被尊重，这也是一种高情商的体现。

法国哲学家罗西法古说过这样的一句话："如果你要得到仇人，就表现得比你的朋友优越吧；如果你要得到朋友，就要让你的朋友表现得比你优越。"

在人际交往中，那些妄自尊大，高看自己，小看别人的人总会引起别人的反感，最终在交往中使自己走到孤立无援的地步。相反，那些聪明、谦让而豁达的人总能赢得更多的朋友。高情商的人谁在他面前都能得到优越感，肯定愿意跟他做朋友。

由此可见，给人优越感也是聊天的一项绝技。我们身边那些受欢迎的人，都是懂得尊重别人，懂得照顾别人情绪的人，他们更是会为别人的光辉事迹鼓掌叫好的人。

我们在与人交往中，先别忙着表述自己的功绩和自己的需要。让我们先看看别人的优点，然后抛弃奉承，给人以真挚诚恳的赞美。如果你是发自内心的赞美，那么人们将把你的每一句话视为珍宝，终生难忘。即使你自己早已忘到九霄云外了，但别人仍然会牢牢地记在心间。真正的高情商不是凸显自己有多博学、多优秀，而是让别人感觉舒服。自己发亮的同时，也不掩盖别人的光芒。有句话说得好："当你身边的人都熠熠生辉的时候，你一定是最温暖的太阳。"

另外，除了会给别人足够的优越感之外，我们也要注意不破坏他人的优越感。

李婧坐火车回老家，坐在一个小帅哥旁边。由于旅途漫长，小帅哥表演了个拿手的魔术给大家看，旁边的乘客们连忙使劲鼓掌。

小帅哥说要变个心灵感应的魔术，大致套路是让旁边的女孩抽出一张牌，独自记下，然后他把牌插进牌堆里，再让女孩洗牌。无论女孩怎么洗，最后小帅哥都能把那张牌迅速变出来。

小帅哥变完魔术，那个女孩被唬得一愣一愣的，不过李婧看穿了这套把戏。为了彰显自己目光如炬、机智过人，她很不识趣地揭穿了变魔术的帅哥："插入牌堆的那张牌，并不是她看到的那张牌。原来那张牌，应该一直都留在你的手里。"

说完之后，大家感觉空气顿时凝固了，场面一度变得非常尴尬，一直没人再说话。

看破不说破，给别人优越感是一种修养。每个人都活得不容易，偶尔装一下，秀一下，又有何不可。毕竟每个人能拿得出手的就那么点优点，炫耀一下也是可以理解的。

说严重点，人活一世，生活已经够艰难了，那么反复确认自己存在的价值，稍微装一下，也不过是给自己多些生存的勇气与自信罢了。

我们应该扪心自问一下，能做到让朋友舒服么？

其实，很多时候展现自己的优越感，也是为了有一个可以聊天的话题与氛围。情商高的人会允许别人秀优越感，即便自己明察秋毫，也会保全别人的优越感。

3. 就算是主角也可以少说

高情商的人不会像"麦霸"一样，牢牢地掌控着麦克风，不给别人表现的机会，他们懂得少说的语言技巧所具有的独特价值。

冯仑讲第一次见李嘉诚。在吃饭的时候,冯仑他们就鼓掌希望李嘉诚讲话,没想到李嘉诚说没准备讲话,但大家坚持,李嘉诚最后说:"我没有准备,我只讲八个字叫作:创造自我,追求无我。"

大人物出场,那是主角,一般都会安排长篇演说,分享自己的成功经验,给大家各种指导建议,但李嘉诚只说了八个字。

在社交场合中说话,同站在讲台上授课或者在演讲台上演说有很大的区别。讲课和演说,只有你一个人在说话,别人不能插嘴。而在日常交往中,沟通重在互动,如果只有你一个人说话,对方没有说话的机会,那也就不能叫沟通了。世界著名记者麦开逊说:"不肯留神去听别人说话,是不受人欢迎的第一表现。"每一个人都有着表现欲,比如说几个人聚在一起讲故事,A一个人一口气讲了好几个,B和C都有些嘴痒痒,也想来讲述一两个。可是A只管自顾自地讲下去,使B和C想讲而没有机会讲。我们试想一下,B和C的心里一定不好受。因为他们没有说话的机会,专门听A的讲话,自然会没有精神听下去,大家只好不欢而散了。

然而在与人交谈中,许多人总将自己放在主要位置。特别是自己作为主角,是话题中心的时候,会自始至终喋喋不休地推销自己,滔滔不绝地诉说自己的故事。这样不但不能表现自己的交谈口才,反而令人生厌。

陈丽是某公关公司总经理,也是一位爱表现口才的人。她长得漂亮,业务做得尚可,经常国内国外地跑。可是当她话匣子一打开,就滔滔不绝,如黄河决堤,一发不可收拾。

这天,业务员王志杰因为商业合作关系,参加了陈丽公司的一个宴会。期间他想插几句话,却始终没有机会。陈丽兴致高昂地叙述她的事业是如何蓬勃发展的,王志杰则在餐桌上玩弄着吸管,心中觉得十分无趣。

半个小时后,王志杰终于鼓起勇气对陈丽说:"对不起,待会儿我还有事,我先走了!"陈丽唱了过多的"独角戏",但是没能达到交流思想和增进感情的效果。相反,她自尝了"单口相声"的苦果,她完全没有顾及听者的反应。

其实,现实生活中每个人都对自己的经历怀有莫大的兴趣,人们最高兴的也莫过于对他人谈论这些事情。但过分地谈论这些,往往会使听者失去兴趣。我们身边有许多这样的人:有的人做了一个十分有趣的梦,觉得身临其境,其乐无穷,结果逢人便说,不厌其烦。还有的人则喜欢无休止地诉说自己的经历,如上中学时怎样,上大学时怎样,参加工作时怎样,后来又怎样等等。但是我们仔细想一想,自己有兴趣的事情,别人也会像我们一样有兴趣吗?那些断续破碎、稀奇古怪的梦境,往往除了做梦者本人,别人无法感同身受,听起来就会非常无聊。如果听者对说话者提到的那些往事、那些人、那些地点,一点都不熟悉,那往往也不会觉得有趣,更不会与说话者产生共鸣。

比如说一个商店的售货员,拼命地称赞他的货物怎样好,而不给顾客说话的机会,就基本上做不成这笔生意。因为你巧舌如簧、天花乱坠地说着,顾客顶多只把你看作一个生意人,决不会因此就购买你的产品。反过来说,你只有给顾客说话的余地,使他有询问或评价的机会,双方讨价还价间生意才能成。

一个真正高情商、懂说话的人,不是自己表演,而是鼓励、引导别人多说。正如戴尔·卡耐基说:"做一个好听众,鼓励别人说说他们自己。"

在《蔡康永的说话之道》中有这么一段话:

"聊天时每个人都想谈自己。当你想要被别人喜欢的时候,你只要把别人放在你自己的位置上想,那就轮到你来扮演这个最上道的朋友了。扮演这样一个朋友,最高原则非常简单:尽量别让自己说出'我'字。听起来很容易,但你可以试试看,跟朋友聊天十分钟,不要说出'我'字。对,就是不要说出'我'字,每次想说'我'字时,都改成'你'字或是'他'字。你会发现这十分钟里面,本来不断说着'我昨天''我觉得''我买了'这些句子的自己,忽然变成一个不断把话题丢给对方,让对方畅所欲言,超级上道的人。"

我们在生活中,不要老想着自我表达,也可以时不时尝试在当主角的时候少说,这样能拓宽视野,提高情商。

如果你是一个性格开朗外向的人,你总是热衷于在聚会中做中心人物,这次改改吧,试着让那些平日毫不起眼的人出出风头。

4. 学富五车,不如关心别人的感受

蔡康永说:"透过说话,懂得把别人放在心上,这就是我相信的、蔡康永的说话之道。"可见说话的时候考虑别人的感受,是多么的重要。藏族有句俗话:"说一句话,要看在场所有人的脸。"真正高情商的人,说话都懂得掌握分寸。说什么都会

考虑别人的感受,让人舒服,让人乐意听,不然纵使学富五车,有再渊博的知识,再精妙的言论,也没有机会表达出来。

黄渤参演的电影《亲爱的》讲述了以田文军为首的一群失去孩子的父母去寻孩子,以及养育被拐孩子的农村妇女李红琴,如何为夺取孩子做抗争的故事。

该片看点是:电影是根据央视早年的一则"打拐"新闻改编而成,黄渤饰演的田文军,原型是彭高峰,有记者问黄渤与他接触过吗。

黄渤说,对方拍摄的时候来探过一次班,影片放完也见过一次。

记者问:"见面的时候你的状态是怎么样的?"

黄渤答:"这个故事我们走了多少遍了,心里很复杂,觉得说什么都无力,都是很残忍的。我们跟彭高峰见面的时候,他是小孩找回来了的,旁边还有好多是小孩没有找回来的。如果小孩都找回来了,还可以聊一下这个过程。可这样一种情形之下能说什么呢,说什么都很残忍。我演这个人物之前就已经想好了,就是尽量靠近,不玩花活,不希望出彩,只是尽量还原。"

在这里我们可以看出,黄渤面对失去自己孩子的家长,明智地选择了少说,不去触碰人家的痛点,能这样照顾对方的心理感受,让人钦佩。

生活中我们要时时刻刻注意说话的场合和尺度。因为有时候可能对你来说是一个正常的话题,对方可能因为一些主观因素听上去就不舒服。

所谓情商高,就是要多注意说话的分寸,关心别人的感受。

在《奇葩说》里，主持人马东"hold"得住一帮"妖魔鬼怪"，史航形容他最牛之处就是"精确和分寸"。

马东说，他不喜欢"名嘴"这个词，他认为一个真正会说话的人，其实是因为有不一样的思维方式，能够照顾对方的感受，而不只是嘴皮子利索。

"跟马东做节目真是太舒服了。马东的聪明不是飞扬跋扈、咄咄逼人，而是善解人意。"曾和马东合作过《文化访谈录》《汉字英雄》等节目的学者于丹这样告诉记者。

观察我们身边那些和谁都聊得来的人，他们也都有一种让人舒服的分寸感。很多时候，幽默和刻薄就在一线之间，需要精确地掌握一种微妙的平衡。我们可能做不到那么高级，但至少可以明白这些道理，学习这些做法，多多善解人意，换位思考。

在谈话中，如果我们总是站在自己的立场考虑问题，一味地提出自己的想法和要求，而没有考虑到人家为什么要满足你的要求，那这时就需要换位思考。在提出谈话话题或要求时，你要站在对方的位置上多想想。

日本松下电器总裁松下幸之助，有一次在一家高级餐厅招待客人，一行六个人都点了牛排。等六个人都吃完主餐，松下让助理去请烹调牛排的大厨过来，他还特别强调："不要找经理，找主厨。"助理注意到，松下的牛排只吃了一半，心想一会儿的场面可能会很尴尬。大厨很紧张，因为他知道这次的客人来头很大。"是不是牛排没弄好？"主厨紧张地问。"牛排，很美味！"松下说，"但是我只能吃一半。原因不在于厨艺，你是位非常出色的厨师，但是我已经80岁了，想多吃些，但胃口不如以前喽！"

　　主厨与其他的用餐者你看我，我看你，大家过了好一会儿才弄清楚状况。松下说："我想当面和你谈，是因为我担心当你看到只吃了一半的牛排被送回厨房时，会伤心难过。"

　　如果你是那位主厨，听到松下先生的如此说明，会有什么感受？是不是觉得备受尊重？客人在旁听见松下如此说，更佩服松下的人格，并更喜欢与他做生意了。

　　在和人打交道的时候，时刻关心别人的感受，比任何语言技巧都能产生更好的效果。懂得考虑别人感受的人，愿意对遇到的人温暖一点，能让自己安心、也让对方舒心。

5. 让人觉得那是他自己的主意

　　试想一下，如果一个想法是你自己思考的结果，而不是别人强加给你的，你是不是会为自己的机智而自豪呢？所以，提出一些建议，启发别人去得出结论，是一个高情商的人常用的方法。

　　李立召集公司的销售部门，召开了一次推销员会议，鼓励员工们告诉他，希望公司做到什么，并把员工给出的想法写在了黑板上。然后他说："公司会尽力做到你们的建议，可是请你们告诉我，你们会以什么来回报我呢？"

　　他很快就有了满意的答案，那是忠诚、乐观、进取、合作、每天8小时的用心工作。甚至有人愿意每天工作14个小时。

　　结果，这次会议给公司带来了不错的销售业绩。后来，李立说:"我和他们做的是一次精神上的交易。我遵守诺言,他们也尽职尽责。让他们说出自己的需要,那是他们愿意接受的。"

没有人喜欢被强迫做一件事,我们都喜欢随心所欲地跟随自己的想法行事。若有人愿意听我们的想法,我们就会很乐意说出来。

这个技巧适用于很多的场合。

美国前总统罗斯福做纽约州长的时候,完成了一项特殊的任务。他不但和政党内的重要人物相处得很好,还在他们反对自己的情况下,实施了自己的改革方案,他是如何做到的呢?当有某个重要职位需要补缺时,他就请那些政党要人推荐。罗斯福说:"开始他们推荐的,是党内并不受欢迎的人。我就说,任用的人要有满意的政治表现,你们推荐的这个人并不适合,同时也会招人反对。"

"后来他们又推选出一个人,那人看起来虽然并没有可批评的地方,但只是个平庸的老好人。我就告诉他们,任用这样的人,有负公众的期望,所以请他们再推选出一个更适合的人。"

"他们第三次推荐的人,看起来是差不多了,可是还是不十分理想。于是,我对他们表示感谢,让他们再试一次。第四次他们所推荐的,正是我所需要的人,我再次表示感激之后,就任用了这个人。而且,我还使他们享有任命此人的名义……趁此机会,我对他们说,我接受了他们的建议,他们也应该接受我的意见,为我做几件事了。"

就这样,他的方案都通过了。所以,你要影响别人而使人同意你的想法,就要使对方以为这是他的意念。

美国前总统威尔逊在白宫时,非常信赖郝斯上校,大事小事都会跟他商量。那么他是用什么方法影响威尔逊总统的呢?

在一次谈话中,郝斯透露过他取得总统信任的办法。他说:"我认识了总统以后,渐渐发现,让他改变某种想法的最好办法,就是不经意地将这种想法灌输到他的心里,让他感兴趣,并且促使他自己去思索。得出这个结论很偶然。一次,我去白宫拜访他,劝他采取一项政策,但他似乎并不赞同。数天后,在一次聚会中,我惊讶地发现威尔逊总统把我的想法当自己的意见提了出来。"

郝斯上校没有立即打断总统的话,而是让总统觉得,那是他的意见,而且还公开赞叹总统的睿智。我们要记住,我们的谈话对象,很可能是像威尔逊总统那样要面子,不太喜欢接受别人意见的人,所以我们可以用郝斯上校这样的方法。

而在和别人谈论某件事情时,千万别说"你错了",而是尽量要让对方多说话,引导对方在不断说话的过程中发现问题。碰到分歧的时候,如果用争夺的方法,你永远得不到满意的答案。但用让步的方法,你得到的可能比你期望的更多。

以上这些成功的案例,都在说明一个道理,如果我们想要做成一件事情,一条行之有效的途径就是:让对方觉得那是他自己的主意。

总之,一个高情商,并且善用沟通技巧的人,无论是提出意见、表达观点、闲话家常或是与人商量事情,都能在无形中影响他人的想法。这就是说,人际沟通的目的,主要是在引导对方的意愿与感受,并且建立互动关系。换言之,与人沟通的过程讲究实效,也就是希望可以影响对方的态度与观感,并让对方主动说出自己想要的答案。而这也是考验我们的地方，借由语言的力量主导话题，就能很巧妙地达到自己的目的。

6. 算命先生的奇招： 给对方 "说中了" 的感觉

在日常生活中，我们会遇到一些看手相、面相的算命先生。即使是在大都市里，我们也经常可以在立交桥下、公园门口、人行道旁，看到算命先生的卦摊，而且为这些算命先生捧场的人也不在少数。通常那些算命先生说得还都"很准"，虽然人们明知是不靠谱的，但还是乐意去预测，那么为什么算命先生会说得非常准呢？

心理学家认为，算命先生之所以能够说得如此准确，其实只是他们善于利用各种各样的技巧、话术。通过人们的言谈举止，观察人们的心理，并懂得利用这些心理达到自己的目的，给人们一种"说中了"的感觉而已。

仔细想想，无论是跑业务或是接待客户，无论是恋爱还是交友，任何形式的沟通，不都是从揣摩对方的心理，赢得对方信任开始的吗？算命先生或是骗子使用的这些揣摩对方心理的技巧，着实有许多值得我们学习的地方。

比如说，当我们在谈话中听到年长者夸奖你"英雄出少年""长江后浪推前浪"的时候，可能并不是字面意思那么简单，如果你不明就里就得意忘形，那是要吃亏的。

某医院正在召开表彰大会，知名的李老院长正在给外科医生黄斌颁发优秀医生的奖项。在表彰会后的晚宴上，李老院长看着黄斌说:"年轻人真好,真是长江后浪推前浪啊。"听到李院长的赞美,黄斌赶紧谦虚地说:"李老您真是太谦虚了,大家谁不知道,当年您是非常知名的外科医生,获得了很多奖项,我们上学的时候可都是以您为榜样的。而且现在您也是老当益壮,时常上手术台不是……"

黄斌的一番话说得李老院长很是得意,他觉得黄斌这个年轻人很好,很懂事很有能力,决心要好好培养。

这里黄斌的情商就很高了,要知道很多老当益壮的长者在说"年轻真好"的时候,其实绝不是要表达服老的意思。而是想传达"年轻人,虽然你很优秀,但是你和我还有差距,还需多多锻炼"这样的意思,是表达"有信心,不服老"。所以这时候,我们要赞赏对方的能力和成绩。

一个人在说话的时候,有太多的细节可以暴露他的内心。如果你能够把握这些信息,何愁沟通不畅?当你和别人交流时,需要设法从这些因素中窥探出对方的心理。只要你仔细琢磨,便不难听出弦外之音,看出某些端倪,了解对方的真正意图。

我们除了从对方的言谈中,了解对方内心的想法,还可以从对方的脸上发现一些端倪。有句话说得好,他人之心在脸上。

在西方流传着一个有趣的小故事,讲述的就是这样的道理:

古希腊哲学家德谟克利特,有一天在街上偶然遇见一位熟识的姑娘,德谟克利特和她打了一声招呼:"姑娘,你好!"

第二天,德谟克利特再一次碰到与昨天同样打扮的那位姑娘时,却这样招呼道:"这……这位……太太,你好!"一语道破之后,他便转身离去。

一夜之间成为"太太"的那位姑娘,被德谟克利特看穿时,脸上恐怕要涌上害羞的潮红了。那么,德谟克利特是如何看穿那位姑娘"一夜之间变成太太"的呢?这是他仔细观察那位姑娘的脸色、眼睛的活动情况、面部表情及走路的姿态等一系列举止的结果。

据说,德谟克利特有时正吃着鲜美可口的瓜果,会突然从房间里跳出来,跑到地里去搞清楚瓜果为什么这么好吃。他就是具有如此强烈的探索精神和敏锐的观察力,所以才会具有如此神奇的本领。

这个故事告诉我们:在高明的人看来,每个人的脸上,都挂着一张反映自己肉体和精神状况的明细表,能够反映出每个人的性格。因而通过脸来判断人的性格是切实可行的。

面部表情能够传达很多复杂而微妙的信息,让你洞穿对方的心理。

现实中,不是每个人都能像德谟克利特那样,善于从脸部看人。这种能力是要通过努力学习和长期实践才能得到的,它不是雕虫小技,而是一种极其重要的做人、看人的本领,发现并掌握它,往往能大大地帮助你做一个受人欢迎的人。

除了上面的几种方法,我们还可以通过交谈过程中对方的语速、语调,了解对方的心理。在说话方式的各种因素中,首推速度。速度快的人,大都能言善辩;速度慢的人,则较为木讷谨慎。此均为每个人固有的特征,依人的性格与气质而异,不过在心理学中所要注意的是如何从与平时相异的言谈方式中,了解对方心理。有些平日能言善辩的人,忽然结结巴巴地说不出话来;相反的,也有些平时木讷的人,却突然滔滔不绝地高谈阔论。遇到这种情况,我们应小心,必定出现了什么问题,应仔细观察，以防意外。

大体而言，当言谈速度比平常缓慢时，表示不满对方，或对对方怀有敌意；相反的，当言谈的速度比平常快速时，表示自己有短处或缺点，心里愧疚，言谈内容有虚假。

一位有经验的情感专家曾经说："男人如果在外面做了什么见不得人的事，回到家里，必定滔滔不绝地与太太讲话。"从心理学的角度看，这种情形是因为，当一个人的心中有不安或恐惧情绪时，言谈速度便会变快。凭借快速讲述不必要的事，来排解隐藏于内心深处的不安和恐惧。但是，由于没有充分的时间冷静反省自己，因此所谈话题内容空洞，遇到敏感的人，便不难窥知其心里的不安状态。

在工作岗位上，也经常会发生类似情况。平时沉默寡言的同事，假使忽然变得格外多嘴时，则其内心必定隐藏着不欲人知的秘密。

7. 实在无言以对时，就虚心求教

我们如果担心自己不健谈，聊着聊着会冷场，在和人聊天时，可以用探测性问题向对方虚心求教，让对方多说。探测性问题的表述十分程式化，一样的问题可以用在很多不同的场景中。

比如有人对你说："我周末刚去看了部电影。"你可以这样问："那部电影怎么样？"它一般不构成真正的问题，问了也不容易出错。

当然，试探的问题太多、太冒昧也会影响谈话的顺畅性。比如回应："是的，我明白。"提问："你是怎么知道的呢？"如果说得太多，就变成了机械性的回应。

这就需要你在提问时有一个总体的逻辑思路，比如你先提出一个宽泛的主要问题，打个比方："你是怎么获得这份工作的呢？"等对方停顿时再问："那是一个转折点吗？"类似这种带有思考、富有变化的提问，才能打开别人的话匣。

丈夫一边打游戏一边和妻子说话，妻子说："我们老板和小三偷情，被他老婆抓个正着……"丈夫的眼睛没离开屏幕，嘴里却说着："老板跟秘书？小三？你给我讲讲。"媳妇觉得丈夫很感兴趣，她就会继续往下讲。最棒的、最能激发别人继续讲下去的问句有：怎么会这样？为什么？那怎么办？后来呢？原来是这样……不管你对他说的话是否真的感兴趣，这些问句，都是可以激发他继续讲下去的动力。每个人说话，都希望从听者那里获得鼓励，显示出你喜欢听他讲话的热情，那么，不管对方是多有深度，多有地位的人，都会有兴趣讲下去。

有好事者剪辑过陈鲁豫的访谈节目，剪辑完成的视频里鲁豫一直睁着眼睛，问类似"真的？""真的假的？""真的么？"虽然这个视频有点恶搞，但是也说明最简单、最直白的问句，能让对方觉得你在听他讲话。

人们都喜欢说话态度谦虚和善的人，讨厌态度傲慢、似乎高人一等的人。如果想得到别人的喜欢，说话态度谦虚必不可少。不目空一切、居功自傲，请人评判自己的意见，这些谦虚态度，你做到了，也就讨得了别人的喜欢。

被你请教的人，其实不太会察觉到你在引导他说话，因为气氛很愉快,他脑中就不会有警铃响起。因为人人都想找到知己,都想被理解,每次愉快的聊天,都像灵魂被按摩过一样。一位心理学家说:"如果我们想树立一个敌人,那很好办,拼命地超越他、挤压他就行了。但是,如果我们想赢得一个朋友,就必须得做出点小小的牺牲,那就是让朋友超越我们,在我们的前面。"

要想打开别人的话匣子,我们可以先向别人请教一些对方擅长的事,别人往往会很乐意为我们解答,从而渐渐地与我们聊起来。

其实这个道理很简单,那就是每个人在他人面前都想满足自己的表现欲。

在交谈中我们会发现,一旦我们能虚心请教,给他人施展自己才能的机会,满足他们的表现欲,他人就会不自觉地对我们产生好感。

孙睿是专门销售画室草图的,销售对象是服装设计师和纺织厂。

有一位客户令孙睿感到很头痛,他是北京一位著名的服装设计师。孙睿一有时间就会去找他。

"我去他工作室找他,他从来不会拒绝我,并且每次接待我他都很热情。但是他也从来不买我销售的那些图纸,他总是很有礼貌地和我说话,还很仔细地看我带去的东西。可到了最后总是那句话:'我看我们还是谈不成这笔生意'。"

经过了无数次的挫败,孙睿开始反省自己的问题。通过细心观察,孙睿了解到那位服装设计师比较自负,别人设计的东西他大多看不上眼。后来,孙睿想出了对付那位服装设计师的方法。于是他抓起几张尚未完成的设计草图，来到那位服装设计师的办公室。

他对服装设计师说："李老师，如果您愿意的话，能否帮我一个小忙？这里有几张我们尚未完成的草图，能否请您告诉我，我们应该如何处理它们才能对您有所用处？"那位服装设计师仔细地看了看图纸，发现设计人的初衷很有创意，就说："孙睿，你把这些图纸留在这里让我看看吧。"

几天过去了，孙睿再次来到办公室，服装设计师对这几张图纸提出了一些建议，孙睿虚心地用笔记了下来，然后回去按照他的意思很快就把草图完成了。结果服装设计师大为满意，全部接受了。

从那以后，孙睿销售时总是先问买主的意见，虚心向买主请教，然后再根据买主的意见制图纸。那些买主对孙睿的图纸非常满意，因为这相当于是他们自己设计的。这样，孙睿从中赚了不少。

所以，我们在与人交往的过程中一定要谦虚，尽量把表现的机会留给他人，让他们多给我们提一些宝贵的建议。变"让他说"为"他要说"，这样才能使我们的聊天继续下去。

8. 赞美那些每个人都显而易见的 "部分"

大剧作家莎士比亚曾经说过这样一句话："赞美是照在人身上的阳光，没有阳光我们就不能生长。"而心理学家威廉姆·杰尔士也说过这样一句话："人性最深切的需求是渴望别人的欣赏。"所以，在与人交往的过程中，适当的赞美，是对他人价值的肯定，可以帮助他人增加成就感，有利于增进彼此和谐、温暖、美好的感情，改善人际关系。

但是要注意，言辞会反映一个人的心理，因而轻率的说话态度，会让对方产生不快的感觉。我们的赞美也不要太离谱，这样别人会觉得我们太虚伪。

记住，赞美的首要条件，是要有一份诚挚的心及认真的态度。赞美的话要坦诚得体，最安全的办法是赞美对方身上那些显而易见的"部分"。

每个人一生中都需要跟别人相识、相交、相知，能够发现其他人身上的闪光点，是我们与他人长期相处的一大基础。那些会说话的人会杜绝笼统的奉承，会去抓住对方身上的闪光点进行赞美，这样很容易博得对方的好感，不但会给对方带来心理满足，而且还会加深彼此的感情沟通。

在电影《画壁》中有这样一个情节，闫妮饰演的姑姑每天早上都会问下面的仙女："我美吗?"仙女会齐声回答说："美。"

姑姑淡淡地笑笑，转头问芍药："芍药，你说我美吗?"

芍药说："姑姑今天很美。蓝色的眼影和蓝色的纱裙相呼应，发髻也挽得很别致。"

姑姑听后"哈哈"大笑，愉悦之情溢于言表。

如果芍药也和众人一样，粗暴而直接地回答姑姑一个字"美"，相信，她绝对不会得到姑姑的赏识，而成为姑姑最终的接班人。只有用心观察和思考，说出具体事实的语言才是最真诚的语言，才是能打动人的语言。

像芍药那样,用"别致的发髻"和"蓝色的眼影"来具体描述姑姑的美,这就是说到了闪光点上,这种赞美自然不会让人产生误解。

所以,赞美别人也是很有学问的,我们在平常的生活中,要用心观察,善于发现别人的优点和长处,并记在心中。比如说某人工作很努力,常常加班到很晚,作为主管的你对他说"你工作真努力"远不及说"我昨天看你又工作到晚上九点才离开,工作真是太努力了"。他听后一定会因为你对他的关注和赞美,而更加努力地工作。

任何人赞美的目的都是打动对方,获得好感。而空洞没有实际内容的赞美,只会让对方更加疏远你。因为赞美的点不到位,会让对方觉得你莫名其妙,从而觉得你无根无据、虚情假意,更会觉得你油嘴滑舌。

所以在赞美他人时,为避免引起类似的误会,你必须确认你所赞美的人"确有其事",并且显而易见,你才有充分的理由去赞美他。而比如,你想讨好上司,上司的头发明明烫得像个公园里晨练的大妈,你却称赞上司像古堡出来的白雪公主;明明老板胖得电梯都快进不去,你却拜托老板指导你怎么健身才能保持这挺拔的身材,上司和老板喜欢你才怪。

如果你想赞美别人,一定要发现适当且最好是显而易见的优点再去赞美。

9. 任何话题，首先表示肯定都能避免反感

生活中，有这么一类人，可以称为"说不先生"。他们在和别人聊天的时候，只要是不认同别人的言论，他们就会说"你说得不对""这样做不好吧""这肯定是你的错"等等。他们总能找到别人话里的缺陷，加以批评，这样的人显然不会受人欢迎。

蔡康永说："每个人都喜欢别人同意自己。"没错，我们每个人都有自尊心，都渴望得到别人的认同。不管人前人后，被别人直接否定，总是不光彩的事情。

而会说话的人，懂得在和别人交流的时候，首先表示肯定，以避免别人的反感。

李振东是一名优秀的保险推销员。在介绍自己的经验时，李振东说："原本和顾客聊天，听到顾客对保险不感兴趣，我就直接回了一句'你错了，保险很重要'。结果当时顾客脸色马上就变了。我发现这样说只会让对方更反感，也不会再和我继续聊下去了。"

此后，李振东反思了他的说话方式，然后他发现要和顾客聊得好，就要多站在顾客的角度想问题。这样顾客就愿意聊下去，自己也会有机会插入自己的想法。

后来，每当顾客再说对保险没有兴趣，李振东就会回道："您说的有道理。谁会对保险这种关于生老病死的事情感兴趣呢，躲都来不及呢！我也没兴趣。"

这时候顾客就会诧异地问他:"既然你不感兴趣,那你为什么还做这一行呢?"

这时候,顾客不再反感,等聊天气氛缓和了,刘振东才开始娓娓道来:"咱们对保险都不感兴趣,但生活中的事情我们也无法预料……"

刘振东懂得首先表示肯定,避免了顾客的反感心理,缓和了说话的气氛,才赢得了推销保险的机会。在日常交往中也是一样,大家的内心深处都渴望得到他人的认可。我们在聊天的时候,多倾听对方的观点,肯定对方的观点,就能营造一种互相理解的融洽氛围。

在说话的技巧中有一种"YES,BUT"定律,是说当你发表自己的意见时,应该首先肯定对方,这样会使对方更容易接受。先说"YES"再说"BUT",这就好比同样是药丸,外面裹上糖衣,就比较容易让人入口。同样,委婉地表达拒绝,也比直接说"不"让人容易接受。

其实,这种"YES,BUT"的应变法,在沟通的时候有它周到圆融之处,有助于建立人与人之间的和谐关系。尤其是在陌生的环境中,一句肯定的话语,往往能够使他人加强自信,而且也会为我们赢得更多与他人接触的机会。

作家杰克乌弗曾经在《陌生人在爱中》一书中讲述了一个故事:迪特毛料公司在清理债务时,曾通知一位顾客,说他欠了15美元的货款,请予以归还。这位顾客寻找了一番未找到有关账单,便怒气冲冲地专程跑到该公司经理办公室,声明他绝对不欠该公司的钱,还声明今后绝对不再买该公司的东西了。接待他的公司经理迪特先生听完这位顾客的怨念后,不但没有说出任何反驳的话，反而还对他专程来芝加哥，为公司提意见表示了深切地感谢，并将错误全部归拢到了自己公司身上。

很显然，顾客也没想到公司经理会如此"附和"自己，而且还承认了错误。经理的这一系列行动打消了顾客的怒气，他当即丢开了有关15美元的账单纠纷，又同该公司签了一大笔订单。

对于那些心怀怒气的客户，首要的就是得承认对方的抗议，但这种承认并不表示认可自己公司产品的缺点，只是以"原来如此""您说得很对"等话来附和对方，使其怒气平息。之后，我们趁机说："您说得没错，但是……"从而提出自己的意见。这种会话方式在推销技巧中是非常重要的。当对方以"原来如此""的确没错"的话来附和自己的主张或态度时，便会不由自主地相信对方，萌生"容忍"对方的想法。

第三章

在高情商的人的字典里，没有"冷场"这个词

1. "我很内向，所以不会聊天" 这是错误的想法

在我们大多数人的印象里，性格内向的人最怕在公众场合发言。他们往往在发言时显得异常紧张和恐惧，张口说话时大脑一片空白，浑身颤抖，嘴角哆嗦，语无伦次，甚至会结巴……

有很多内向的人为自己的性格而苦恼，其中很多人问如何才能变得更"外向"一些，有的人则为自己在社交场合的格格不入而感到困惑和挫败，并将其归为"我太内向了"。

的确，这个世界看起来对外向者更加友好。我们总觉得，一些似乎是成功人士必备的特点，比如"灵活""口才好""会交际"都是属于外向者的专利。不过，事实并非如此，据一份对公司管理者的统计显示，有大量内向者正占据领导地位，比如奥巴马、乔布斯都被评估为内向型人格。

而另外一个很有趣的研究显示，以口才谋生的人，比如主持人、相声演员、演说家等的群体中，内向者的比例反而很高。对他们来说，说话是一项能够很好驾驭的工作，他们可以自如地在众人面前发表演说，在舞台上表演，但可能私下里却不喜欢在一大群人中进行社交性质的聊天。

所以，内向者的寡言、独处等行为，并不是因为他们"不能"，而是有时候缺少一些技巧。如果你一定要有所改变的话，我建议你把目标定在提高自己的社交技能上。

所以，与其给自己贴上一个"内向者"的标签，不如提高你的社交技巧。性格是很难改的，但是社交技巧（比如，肢体语言、视线交流、及时反馈）就像任何其他的技巧一样，可以通过反复练习来掌握。也就是说，你可以是一个"内向"的人，但能表现出"外向"的人的技巧。我认为，如果你能掌握足够的技巧，"内向"的性格在社交上不仅没有劣势，反而有优势。

张宇是个略微内向的男孩，从小长得黑黑瘦瘦，说话轻声细语，唯一的爱好就是看书。他总是一个人低着头走路，只愿意和熟悉的人进行交流。

在大学第一次和女生约会的时候，张宇因为女生的一句"你怎么看起来这么黑啊"，便心脏一抽搐，神色紧张，暗暗发誓："这太可怕了，我再也不约会了……"

考研失利给了他一个人生的转机，他开始有了想要改变的强烈愿望。从那个时候起，他做了很多努力：大量地参加各种社会实践、强迫自己上台说话、学习与人聊天的理论知识。大学毕业后，张宇入职的公司正处于业务大力发展的阶段，领导让他去给销售部支持，到一个有 500 人场次的路演活动进行公开地演讲！

他一个刚毕业半年不到的新人，连说话都还不够利索，居然要给好几百人演讲。初生牛犊不怕虎的他，居然真接下了这个活儿。结果演讲很成功,几百人的场地座无虚席,演讲的内容他都已倒背如流,除了开始时有一点紧张,到后面他完全控制住了场面。

当演讲结束时,大家给他报以热烈的掌声,他听到观众的评价:"这个小子不错啊,看起来瘦瘦小小的,说起话来这么有力,一点也不怯场啊。"之后他尝到了演讲带来的甜头,开始了由演讲带来的逆袭之路,成为了谈话高手。

我们可以和上面这个案例中的张宇一样,多锻炼自己的说话技巧,成为一个拥有好口才的人。要磨炼自己的谈话技巧,下面几个方法,大家不妨一试。

(1)心态要好

很多时候,在公众场合发言时,我们很多人都会有不同程度的紧张。即使经验丰富的人,也难免会有些许的紧张。发言时,我们应该告诉自己紧张是正常的。在发言的过程中,不妨放大声音,逐渐专注于自己发言的内容,并且尽可能地注视你的听众。不知不觉间,紧张早已不在,你也会惊喜地发现自己成功地结束了发言。最后你会发觉,说话不过是生活中的一件小事,其实没有什么难的。

(2)不要怕被"冷场"

有的人说话时,会得到听话者频频地点头;有的人说话时,会遭到争辩。但性格内向者最怕的,就是自己说话时别人没有反应。出现这种情况,内向者会没有底气,同时,在无形中会增加内心的压力,造成紧张。其实,这是因为内向者太过在意别人的看法,太在意自己的表现,事实上,只要将自己该说的,所要表达的观点表达清楚就行。

(3) 把每一次说话都当作一次机会

不要去注重结果，告诉自己，把握好每一次机会，权当是锻炼。这样想的话，会使自己没有心理负担，轻装上阵，紧张也就显得没有意义和必要了。锻炼的次数多了，自己会不断地变得自信，紧张感会逐渐地减少，甚至消失。

(4) 多和人交流练习

由于性格内向者不善于说话，所以应该将每次在众人面前的说话，当作锻炼自己的机会。当你不太会说话的时候，也要多和别人交流。你去买菜的时候，可以和卖菜的阿姨拉拉家常；去吃饭的时候，可以和同事多说说话。尽量让自己有说话的机会，和任何人都能说，说多了你就会发现，和别人交流其实也没那么困难。

我们还要学会多听别人说。你的朋友中肯定有那种很能说的人，你可以多注意一下，他是如何和别人说话的。你不一定全部都要学，可以只学习其中对你有用的。比如有些人可能比较幽默，这种人一般都比较活跃，能够调动气氛，容易跟人处好关系。多练习这些技巧，敢于改变，你就一定能把话说好。

2. 情商低的人是如何把天聊死的

聊天冷场的尴尬很多人都遇见过，有些人好不容易把女生约出来，可从见面那一刻起就冷场了。打完招呼不知道怎么继续，辛苦准备的话题没有合适的插入点，对女生发起的话题没关注过，基本开不了口……最后就是"噢""哦""啊"这样敷衍着，不知道怎样继续下去。这"噢、哦、啊"也被称为"聊天作死三件套"。网上有一个段子说，有一对情侣发微信，女生说了一大段话，那男生就回了句"哦"。然后女生就觉得很明显嘛，话都聊死了，既然对方不想聊就不说了。过了一段时间，那男生问："你为啥不理我？"

有时候别人对我们的评价会是：这个人不会聊天，没共同语言，大家都不爱和他说话。但有的人其实真的不是故意把天聊死，就是有些不懂聊天技巧，不了解闲聊中的终结雷区。有时候一不留神，就掉坑里了，甚至于自己把天聊死了还不知道原因。

当然，这种很容易把天聊死的人，也有可能是情商低。情商这个东西，好像有点被大家误解了。大部分人对高情商的理解就是：认识的人特别多，而且超级能说话。

但真正高情商的人，能聆听到对方情绪中的真实内容，再进行自我判断，而不是被情绪所控制。

琳达有一次和她的领导单独出去吃午饭。等饭的时候，她们就聊起了天，领导就说起了她的前男友。她说："我前男友人在上海，长得也帅，工作也超棒，对我也很好，当时我自己咋就没珍惜呢？"

琳达就回了一句："他是挺好的哈。"领导笑了笑，没说话。

接着琳达又特别感慨地说："珍惜是福啊，你看看你就是不知道珍惜,到现在还单着。"说完这句话,琳达半天找不到新话题,成功地把天聊死了。

对方想要的,不是大家都懂的道理,而是适当的宽慰。女生很大程度上是个感情生物,讲道理根本没用。这样的讲道理,就显得情商低了。

而一个高情商的人会怎样回答呢?

一个情商高的人,会先考虑对方说这句话是什么情感,是难过?是炫耀?还是单纯感慨一下?很自然,她跟一个身份地位都有差距的下属是没什么好炫耀的,由此可以判断就是有点遗憾,有点小伤感的心态。

然后找到这个情绪下的正确回应方式。一个人把这种事情跟你说,绝对是想寻求点安慰的话,那你就可以这样说:"嗯,确实挺可惜的。但以后还会找到更好的,你喜欢什么类型的呢?"这样把话头引开,展望下美好未来,聊天就可以继续进行下去了。

其实,有些冷场归根结底是聊天内容质量不高。一场轻松愉快的聊天,需要高质量的内容。我们做到以下几点,就能破解聊天尴尬,社交达人就是你啦。

(1) 自身的输入

这里的输入主要指内容的输入。这与英语口语表达一样,你想要有足够的干货,能够插上话,就需要进行输入。

如果一个人对某事不了解,你能够掷地有声地进行科普,或者发表自身看法,那么这就提高了聊天内容的数量与质量,让对方瞠目结舌。而在对方说完后就不知道说什么,主要是因为你不理解或者根本没懂人家说的是什么，没有你能够参与的空间，这就是输入不够。你要知道，接话茬并不简单，这需要长期练习。

（2）善于倾听

倾听是输入的一种补充，更重要的是能拉近与他人的距离，是获得他人信任的重要途径。很多时候别人随口的闲聊，不过是为了抒发情绪，你不一定能解决，但一定要会倾听！

你只要善于倾听，就会有很多人愿意和你聊天。聊得久了，也就习惯了在倾听中既尊重他人，又表达自己的观点，慢慢地就会得到很大的改变。

（3）聊天中的话题开启

在别人发表完自己的见解之后，你想重新开启一个话题，用何种方式来接话茬？这时，如果以各种琐碎的事情来开启话题是不太妥当的，显得很刻意。

回想刚才他说话的一些关键词，进行引申、过渡、联想，从而有效地回到你自身擅长的话题上来，这时你记住一个公式：关键词+感受+状态，就一定能展开下一个合适的话题。

（4）聊天中的目的性

很多人聊天其实没有目的。比如你想约会，女孩不会仅仅因为你说了什么而喜欢上你，你必须给女孩一个想要探索你的氛围。如果一个女孩和你聊了很久，却依然不想答应你的邀约，原因就是你和女孩的聊天缺乏意义，没有核心。我们要知道无意义的聊天，和谁都可以聊，那为什么会喜欢你呢？

（5）聊天中的细节展示

很多人之所以不会聊天，就在于聊天时根本没有抓住任何细节，也不会举例说明，这是相当糟糕的。女孩和你聊了一大堆关于某本书的看法，你要么说嗯，要么说我也喜欢这本书，然后就不吭声，寂静无声走一路。

你应该多说这本书的内容、作者、为什么喜欢，还喜欢什么书，除了书还有什么兴趣爱好，总之可以讨论得很广泛。

再不行，你可以用"我有一个……"来作为论据，比如"我有一个朋友……"，细节+论据的支撑是极为重要的。比如你可以说家里猫的毛色、兴趣爱好、眼睛、尾巴、几颗牙齿、腿多长，还可以聊聊你和猫之间的趣事。这样你们就有很多可聊的话题，可以展开更广泛的讨论，不冷场，这就达到目的了。

以上这些方法可以帮你解决聊天冷场的尴尬，另外，记住聊天更多是真情流露而不要太刻意！

3. 说让人舒服的话，是高情商最基本的修养

日常生活中经常会遇到一些人，他们说话很直，容易得罪人。但是他们可能自己并不知道，或者说即便知道也表现得不太在意。他们往往觉得自己坚持了真理，说的就是事实，既然是真理得罪谁都不怕。然后他们表现得大义凛然，无所畏惧，让对面和他们沟通的人十分伤心。对于这种人，大家究竟有多讨厌？只要看看微信朋友圈里，每十天半个月就火爆一番的《嘴上直就是心理坏》《当一个人说他只是嘴上直时》等类似的批判文章就可见一斑了。

有些人说话之所以让人讨厌，让人不舒服，是因为说话的人只管自己说，并不考虑对面和他对话的这个人的感受。也就是说在说话很直的人的眼里，他在和你说话，他只聚焦他所说的事和他所思考的问题，他并不关注你听见这些话的感受。你在关注什么？这些话会不会伤害你？对你是否产生不良影响等问题，他压根不会考虑。

那他为什么会这样呢？因为他不懂得换位思考，所以不在乎别人的感受。

也就是说，他意识不到在与人交流的时候，还需要考虑别人的感受，他以为他和对方的感受会是一样的。在他固有的思维模式里，全世界的人对一件事的理解都是一样的，这个事他觉得是个1，就认为其他人也都会觉得这个事是个1。而不考虑由于每个人的成长经历不同、看待事情的角度不同、所处的立场不同、动机不同，同样的一个1，别人可能理解出2，3，4，5，6……或者其他的意思。

在低情商的人眼里，他觉得这么说没事，就会毫不犹豫地说出去，而不会管这样的话，会给你造成什么不好的感受。所以当你被他的话伤到了，向他抗议，他们一般还不知道发生了什么，觉得我没说啥啊，觉得自己很无辜。

还有些低情商的人，因为从不关注别人的感受，所以他们的专注力很集中，导致他们对事情有很强的洞察力。以至于在公共场合他们似乎特别有见解，而毫不理会这种见解可能建立在别人的痛苦之上。

正常情况下，当一个情商正常的人在说话时，他会考虑很多方面。会关注在场每个人的差异；会判断别人是否话里有话；他会结合自己的身份地位，很快地知道这种场合应该说什么样的话会比较得体，说什么样的话既能表达自己，又能让人舒服。

但是一个情商很低的人就缺乏这种共情的能力，当他与别人处在一个同样的情境里的时候，他对其他人的情况毫无察觉，对环境毫无意识。所以往往他一开口说话，就不在点子上，游离在大家的语境之外，别人的话外之音他也视而不见，很多时候像是自说自话，或者说出很多让大家尴尬的话。

虽然他跟大家面对面，但是似乎他是在自己的世界里，这个世界周围如有一层无形的罩子，别人进不去，他也出不来。所以有时候，你被他说出的话气个半死，他还在你面前心安理得，一脸无辜地看着你。

据说，要过饭、放过牛、当过和尚的朱元璋夺得天下后，很害怕有人抖出自己不堪的过往。但是事与愿违，一天早朝结束后，以前的一位同乡还是找上了门，朱元璋不情愿地接见了他。

那人进得大殿，立即三叩九拜，连喊"万岁!"完了就跪在那里一句一顿地说："皇帝陛下，当年微臣随驾扫荡芦州府，打破罐州城。汤元帅和豆将军半途逃跑，后又杀来了红小子，幸亏最终菜将军解决了问题……"朱元璋龙颜大悦，立即吩咐身旁太监，重重地犒赏了下面的儿时伙伴。

这一消息很快从宫内传出，另一个当年一起放过牛的伙伴也找上门来了。见到朱元璋之后，他手舞足蹈地在金銮殿上说道："皇上，你还记得不？那时候咱俩都给人放牛，有一次咱们在芦苇荡，把偷来的豆子放进瓦罐里煮，还没等煮熟，大家就抢着吃，把罐子都打破了。汤和豆子撒了一地，你只顾从地上抓豆子吃，结果把红草根卡在喉咙中，还是我出的主意，叫你吞下一把青菜，才将那红草根带进肚子里……"

朱元璋被他说得面上无光，立即撕破脸皮，喝令左右将这位"疯子"拖出去斩首！由此可见，说让人舒服的话是多么重要的事情！

那么，我们生活中在一些细节上要多注意转换一下思维，多说些让人感觉舒服的话。

（1）赞美行为而非个人

举例来说，如果对方是厨师，千万不要说："你真是了不起的厨师！"他心里知道有更多厨师比他还优秀。但如果你告诉他，你一星期有一半的时间会到他的餐厅吃饭，这就是非常高明的恭维。

（2）客套话也要说得恰到好处

客气话是表示你的恭敬和感激，所以要适可而止。如果对方是经由他人间接听到你的称赞，比你直接告诉本人要多一份惊喜。相反如果是批评对方，千万不要透过第三者告诉当事人，避免添油加醋。有人替你做了一点点小事，你只要说："谢谢，这件事麻烦你了。"至于"才疏学浅，请阁下多多指教。"这种缺乏感情的客套话，就可以免了。

（3）避免不该说出口的回答

像是"不对吧，应该是……"这种话显得你像是在故意找碴。另外，我们也常说："听说……"这感觉就像是你在表述道听途说得来的消息，有失得体。

（4）拒绝也可以不失礼

一块吃饭的时候，如果主人推荐你吃某样你不想吃的东西，你可以说："对不起，我没办法吃这道菜，不过我会多吃一点……"让对方感受到你是真心喜欢，并感谢他们准备的食物。你如果吃饱了，可以说："这些菜太好吃了，要不是吃饱了，真想再多吃一点。"

（5）不要表现出自己比对方厉害

在大家闲聊时，如果有人说他刚刚去美国玩了一星期，你就不要说上次你去了一个月，这样会破坏对方谈话的动力。你还不如顺着对方的话，分享你在美国旅行的故事。

（6）说话语气要平等

如果你是领导，切忌说："我有十几年的经验，听我的就对了。"比较好的说法是："这方法我用过，而且很有效，你要不要试试看？"

4. 一字之差，就显情商高低

在《极限挑战》的一期节目中，大家谈论到自己的年纪，王迅快言快语地说："啊？原来红雷在我们当中是最老的啊？"

黄渤连忙圆场说："会不会说话，人家在我们当中是最大的！"

最大和最老，一字之差，情商立见高低。

同样的意思，仅仅是换了个词表达，给人的感受却是天壤之别。

一个人体重超标，情商低的人说"胖得跟猪一样"，情商高的人说"丰满的人显富态"。一个人体重太轻，情商低的人说"瘦成了干猴儿"，情商高的人说"出落得清秀可人"。一个人长得不好看，情商低的人说"丑八怪"，情商高的人说"帅得不明显"。

高情商的人，会选择让对方听着舒服的那一种说话方式。生活中，别急着表达你的意见，换个说法，会让你更受欢迎。以下几点建议仅供参考。

换个词表达，换得好，是情商、是机智，可以起到不错的效果；换得不好，是虚伪、是狡猾、是无耻、是文过饰非自欺欺人。所以，在换个说法的时候，可以参考以下几点建议：

（1）把"你听没听见"换成"我说得是否清晰"

当你讲了一句话之后，想确认一下对方的态度，看对方理解的情况，最好以自己的角度来说，这两句话的效果差了十万八千里。

（2）把"老实说"换成"我觉得"

公司开会讨论的时候，你对一名同事说："老实说，我觉得……"在别人看来，你好像在特别强调你的诚意。你当然是非常有诚意的，可是为什么还要特别强调一下呢？所以你最好说："我觉得，我们应该……"

（3）把"首先"换成"已经"

当你向老板汇报工作进度的时候，你跟老板说："我首先必须得熟悉一下这项工作。"想想看吧,这样的话可能会使老板觉得,你还有很多事需要做,而绝不会认为你已经取得了一些进展。所以,我建议你最好是这样说:"是的,我已经相当熟悉这项工作了。"这样说就显得你靠谱多了。

(4)把"仅仅"换成"这就是"

在开会时你提建议说:"这仅仅是我的一个建议。"好像是为了表示谦虚,但这样一来,你的想法、功劳包括你自己的价值都会大大贬值。本来是很利于公司发展的一个主意,反而让同事们只感觉到你的自信心不够。最好换成:"这就是我的建议。"

(5)把"错"换成"不对"

如果一位同事不小心把一份方案洒上了水,正在向客户道歉。你知道他犯了错,会得罪客户,于是你对他这样说:"你犯了很大的错,可能得罪客户。"这样说只会让对方厌烦,不会对调和双方的矛盾有任何积极作用。所以,把你的否定态度表达得委婉一些,比如说:"你这样做虽然不对,但我知道你不是故意的。"

(6)把"大约几点"换成"几点整"

在和一个重要的客户通电话时,你对他说:"我在周末大约十点再给您打一次电话。"这就给人一种印象,觉得你并不想立刻拍板,甚至更糟糕的是别人会觉得你的工作态度不靠谱。最好是说:"明天 10 点整我再打电话给您,我们好好谈谈……"这样说就会让人觉得你很严谨,很重视双方的合作。

(7)把"务必……"换成"请您……"

你刚把自己所负责的一份企划交上去。大家压力已经很大了，而你又对大家说："你们务必再好好考虑一下……"这样的说法，不但难以带来高效率，还会给别人压力，使他们产生逆反心理。但如果反过来呢，这样说："请您考虑一下……"毕竟，没有人会好意思直接拒绝一个友好而礼貌的请求吧。

（8）把"但是"换成"而且"

如果你觉得你的一位同事的观点很好，但还不完美，你可能这样给他提建议："这个想法很好，但是有几个地方你必须……"这样子一说，这种建议就大打折扣了。你完全可以换一个比较积极的说法，比如说："我觉得这个想法很好，而且如果在这里再稍微改动一下的话，那就更完美了……"

5. 跟会聊天的人在一起是怎样的一种体验

很多人都有过跟聊天高手聊天的体验，和会聊天的人在一起，总是会令人感觉如沐春风，就好像是暑天喝了一碗绿豆汤，冷天喝了一碗热腾腾的鸡汤，舒服！

高情商的人不仅能分清自己与他人的边界，并且能站在他人的角度上思考问题。和会聊天的人聊天，他会随时照顾你的情绪，让你整个人处在一个非常舒适的状态。

聊得多了，你发现会聊天的人大都有以下几点共同之处。

首先，和会聊天的人聊天会瞬间拉近双方的距离，让我们感觉亲切。

2014年3月，当时美国总统奥巴马的妻子米歇尔访华，在北京大学做了个演讲,她一上来便给了"挑剔"的北大人一碗暖心鸡汤。她说:"我今天来到这里是因为我知道,未来取决于全世界像你们这样的年轻人。我们相信,国与国之间的关系不只是政府或领导人之间的关系,它更是人民——特别是年轻人之间的关系。"简单几句话把北大师生捧到了特殊高度不说,也暗合了年轻人渴望改变的心理,很快拉近了双方的距离。

真正会聊天的人就是这样,并不锋芒外露,让你自惭形秽,他会让你喜欢和他交流时的你自己,他会让你觉得你自己在和他交流时总是特别棒。

其次,会聊天的人在聊天的时候,会顾及别人的感受,会让人感觉舒适,不会和人爆发冲突,至少不会让聊天中的一方当众下不来台。

打工皇帝唐骏曾经从微软跳槽到盛大,在盛大创始人陈天桥手下打工。作为业界有名的霸道总裁,陈天桥做事极其果断,一般很少买谁的账,一年四季绝大部分时间都是一张冷漠脸。

有一次公司开会,陈天桥提出了一个方案,唐骏并不赞成。然而面对其他人的沉默,唐骏又不便立即反驳,自己刚到公司,难道就要给领导一个下马威?况且直接说,说不定人微言轻被骂一顿之后,对方还不一定采纳。

这个时候,唐骏想到了陈天桥的弟弟,一同创立盛大的陈大年。

和陈天桥的威严不同,陈大年是一个性格和蔼的技术宅男,比较好说话。他又拥有重要的头衔,这个建议通过他来表达,会有很大的分量。于是,他就把自己的主张发短信告诉了陈天桥的弟弟陈大年。

接下来，唐骏的主张经由陈大年之口表达了出来。然后，唐骏再表明立场："我同意大年的说法。"于是，众人附议。

由此，这个本来极有可能胎死腹中，或者成为双方矛盾导火索的不同意见，顺利地被表达。有些时候，会聊天的人懂得适时地低头，不会选择和人爆发冲突，给人温和舒适的感觉；有的时候如何在交流中表达自己的意见，不让意见在争吵和偏见中被埋葬，是一种智慧。这种智慧，就是情商的表现。

最后，真正会聊天的人能通过说话来交心，让对方随时感觉到被理解和被温暖。

在金庸的《神雕侠侣》里面有这么一个情节：小龙女身受重伤，却安慰杨过"生死有命，岂能强求"。一灯大师马上发觉她能参悟生死，于是跟她说："世上有的孩子生下来没多久就死了，你毕竟还嫁了人了，已经算幸运。"

这句看似不是安慰的一句话，却让小龙女会心一笑。大师见状便抛出"先有蛋还是先有鸡"的问题，杨过依然是一头雾水，小龙女却已明其意："蛋破生鸡，鸡大生蛋，既有其生，必有其死。"

明明是初次见面，但小龙女和一灯大师似乎能相互知心，连杨过都觉得自己反而成了外人。

聊天是一件需要棋逢敌手的事。真正会聊天的人，能够通过高情商来准确地感知对方的内心，能"心有灵犀一点通"。

所以，当我们和会聊天的人说话的时候，会随时感到对方的温暖。他会让你觉得他非常了解你，知道你想要什么，想说什么，且一直很注意细节。

另外，会聊天的人，总能避免让人感到尴尬。高情商的人能够让别人愉快，自己也不为难。他们也会有烦心事，也有想吐槽的时候，可是他们能很好地处理负面情绪，不会影响到其他人，也不妨碍自己的生活。

其实面对一个情商高的人，我们在跟他聊天的过程中就会暗暗赞叹其高情商。而且，情商高的人更容易成功。

最重要的是，跟情商高的人聊天，可以跟他们学一些技巧，提高自己的情商。

首先，我们要克制一下自己的脾气，不要以为说话直就是自己性子直率的体现。

其次，要学会自嘲，当然自嘲不是说允许别人贬低自己，而是接纳自己的不足，面对一些问题，我们可以通过自嘲，以一种幽默的方法化解难题。

总之，遇到一个情商高的人，真的会使聊天变得舒服而且通顺，会让人想跟他继续聊下去。

6. 无论如何，一定要开发出共同话题

和朋友或是同事聊天时，最尴尬的事情莫过于没有共同话题，三言两语草草收场，之后双方静静地坐着，保持缄默。

谈话双方聊不到一块去，是因为什么？就是因为没有共同话题。我们两个人或者几个人在一起做朋友靠的是什么呢？当

然是聊得来，有共同的话题，有共同语言。你们能想象到两个不在同一个频道上的人在一起玩耍吗？这根本就是不可能的事情。

所谓共同话题，就是几个人在一起所讨论的话题和理想是一致的。如果你和一个人有共同话题，你就会有说不尽的话，而对方也愿意和你探讨这些话题，而且你们也会有一个共同的认识和结果。哪怕这些话题说了一遍又一遍，你都会觉得是很美好的一件事。共同语言就是两个人在一起的纽带，没了它，所有的一切都是空谈。

所以，共同语言很重要。人和人在一起，并不只是缘分，因为有缘无分的人很多，而共同语言是有缘人走到最后的决定性因素。

人与人之间的交往，是从交谈开始的，闲谈是交朋友、拉近距离、在思想上沟通的有效手段。很多时候，通过闲谈，可以让彼此陌生的人成为朋友。但有一点必须明白的是：必须要找准彼此的共同点和都感兴趣的话题。

那我们要如何快速找到与别人的共同点呢？

耶鲁大学前文学教授威廉·惠勒普斯曾讲过一个发生在自己身上的故事：

他在8岁那年的一个周末，去姨妈家玩。那天下午，姨妈家来了一位中年男子。中年男子先和小威廉的姨妈嘻嘻哈哈谈了好一会儿，然后来到了他旁边，和他聊上了。当时小威廉正迷上了建造玩具小船，整天抱着小船爱不释手地玩。两人刚开始只是随便聊了几句，没想到后来男子和他聊了很多关于小船的事。

等男子走了以后,小威廉还念念不忘地对姨妈说:

"那位先生真了不起,他懂得许多关于小船的事,很少会有人那么喜欢小船。"

而姨妈笑着告诉他,那位客人是纽约的一位律师,对小船根本没有研究。

小威廉不解地问:"为什么他的话都和小船有关呢?"

"那是因为他是位有礼貌的绅士,他想和你交朋友,他知道你喜欢小船,所以专门挑你喜欢的话题和你说。"姨妈笑着告诉了他其中的道理。

直到多年以后,威廉教授对那一次开心至极的交谈仍记忆犹新。可见找到一个彼此都喜欢的共同话题是多么的重要。找准彼此都聊得来的共同话题,用共同的兴趣爱好来打开话匣子,对于初次交谈的人来说至关重要,无论对谁,都会屡试不爽。

用共同的兴趣爱好来打开话匣子是不错的方法,除此之外,我们还可以以动作开场,一边帮对方做某些急需帮助的事,一边以话试探。我们还可以通过借书借报来展开交谈,找到双方都能聊得来的话题。

我们在和别人聊天时,不要说一些很宽泛的兴趣爱好,要切中要害,针对某一项具体的兴趣爱好展开谈论,这样不愁没有共同语言。比如"最近在听哪首歌""这位歌者是你的偶像吗""这位偶像还有哪些好听的歌""这位偶像最近的 XXX 事件说得有鼻子有眼你信吗"等等。

刘雯到医院看病,坐在候诊大厅里,旁边坐着一位很健谈的大姐。大姐主动问她："你是来看什么病的？听口音你不是本地人吧，你老家在哪里呀？"

当刘雯告诉对方自己是辽宁大连人时，大姐很高兴地说："大连啊，非常美，我以前出差去过好多次那里……"

刘雯便问："那您在什么单位工作呀？"于是她们亲切地交谈起来，等到就诊时，她们已经是朋友了，分开时还互邀对方去家里做客。这种融洽的效果看上去是偶然的，实际上也是有其必然原因的。只有通过"侦察"，发现共同话题，他们才能聊得这么顺畅。

除了以上这几种方法，我们还可以聊聊最近的热点话题，包括热点新闻、热点网络用语、热点的电影以及热点的娱乐八卦等，这些都是年轻人寻找共同话题的敲门砖。

还可以找彼此学习、工作、事业方面的话题，每个人都经历过学生时代，少则九年，多则要十几年，这里面有太多值得回忆的话题。难忘的人和事是勾起思绪的催化剂。如果你们都工作了，那么工作性质、薪资待遇、员工福利、未来发展以及从学校步入社会找工作的心路历程，也都可以拿出来说说。

7. 微笑是没有国界的语言

在现实生活中，如果一个人对你满面冰霜、横眉冷对，另一个人对你面带笑容，温暖如春，他们同时找你聊天，你更欢迎哪一个？大多数人往往对后者表示出同样热情友好的态度，而对前者,恐怕就恰恰相反了。

美国前总统尼克松不管在什么场合下,脸上总是挂着笑容,就是说话也会带着他那迷人的微笑。

有朋友问他:"在竞选期间,你起早贪黑地工作,不停地与人握手、微笑,怎么能受得了?"尼克松幽默地回答道:"其实对他们微笑的时候,我的心里一直想踹走他们!"大家都被他逗乐了,然后他也跟着大家笑了起来。

微笑是高情商的体现,高情商的人在说话的时候总是面带微笑,会把气氛调动得非常和谐。尼克松就是一个很好的例子,微笑就是他最好的武器,而且"尼克松的微笑"一度风靡美国,成为尼克松登上总统席位的一大助力。

俗话说:"伸手不打笑面人。"在与人交往中要面带笑容,即使笑得不美、笑得不甜,也总比一副苦脸要耐看得多。有些人往往还没有开口,就靠微笑把彼此之间的关系拉近了。

微笑在我们的日常交往中是非常有用的,当你去商场挑选自己喜爱的服装时,如果你能做到在对方开口之前先微笑,那么,无论哪个柜台、哪位服务员都会愿意给你提供最好的服务,这就是微笑的魔力。

行动往往比语言更具体,而微笑正表示"我喜欢你,你使我快乐""见到你,我很高兴"等等。这时人与人之间的陌生感就会被消除,而且能增进彼此间的关系。真诚的微笑是心理健康的标志、是自信的象征、是礼貌的表示、是与人和睦相处的反映、是成熟人格的表现。

微笑就像一瓶魔力神水一样,当你喝下去以后,可以把那些阴郁、沮丧、恐惧、苦恼的情绪一扫而光。莞尔一笑,必能去除灰色的心情和冷漠的隔阂;会心一笑,便能无言地传达喜欢对方的心情。也就是说,微笑在我们说话的时候,可以表现出它非凡的魅力。

(1) 微笑可以很好地化解不愉快的谈话

如果在我们说话的时候,遇到爱发脾气者、刻薄挑剔者、出言不逊者,那么对付这些人,含蓄的微笑往往比口若悬河更有力。面对别人的胡搅蛮缠、粗暴无礼,只要你先微笑,冷静下来,就能稳住局面。我们用微笑缓解对方的刺激,以微笑化解对方的攻势,从而以静制动,以柔克刚。

(2) 微笑可以化解尴尬

人们到一个陌生的环境时,由于陌生或羞涩,往往会端坐不语或拘谨不安。此时,你若是面带微笑,就能使聊天双方放松紧张的神经,减少此前的戒备心理和陌生感,相互产生良好的信任感和亲近感。

(3) 可以用微笑得体地拒绝别人

当别人向你提出让你为难的请求时,你想拒绝却碍于面子,不得不给对方一个台阶下,这时候该怎么办?那就用微笑来缓和紧张的情绪,既不让对方难堪,还能免去言语不周而导致的麻烦,最终取得"此时无声胜有声"的效果。而且,微笑还能为你赢得思考的时间,借以找到更巧妙的处理方法。

(4) 用微笑表达自己的歉意

如果你在聊天中犯了错误,又拉不下脸道歉时,微笑就是对他人表示和蔼友善的最好方式。它能反映出你控制和表现自己情绪的能力,也能显示出你主动热情、坦率大方的个性。这时,只要你主动真诚地向他们报以微笑,一切便会和好如初。

在聊天中展示你的微笑,可以给你带来很多的好处。当你微笑时,整个世界都在笑,没有多少人愿意理睬那些总是一脸苦相的人。不要再吝啬你的微笑了,善于交际的人在人际交往中的第一个行动就是微笑。微笑能够使我们的谈话在轻松的氛围中展开,可以消除由于陌生、紧张带来的沟通障碍。同时,微笑也显示出你的自信心,希望能够通过良好的交流达到预期的目的。

由此可见,微笑是说话的特权。微笑可以展示出你的自信,人们往往依据你的微笑来获取对你的印象,从而决定是否和你交往。

第四章

提问和倾听，
这是一项技术活

1. 好汉爱提当年勇，你要给他人机会诉说得意

一些成功的人士，都喜欢回忆当年的得意之事。威廉·詹姆士曾经说过："人类本质里最殷切的需求是渴望被肯定。"给他人机会诉说得意，更是一种更加直接和深刻的肯定。如果想要你的人际关系更加和谐，那就试着从别人的"当年勇"谈起。

一家知名杂志急需一名文笔好而又懂经济的资深编辑，他们就在自己的杂志上登了一整页的广告面向全国招聘。

广告中对应聘者的要求很高，当然工资报酬也很高，这让很多人都知难而退。而编辑李辉决定碰碰运气，他先按照广告上的地址给杂志社写了一份求职简历，很快就收到了邀请他去面试的回信。

和别人不同的是，面试之前，李辉花了很大工夫来研究这家杂志的发展史和老板的奋斗史，然后他胸有成竹地按照约定时间去杂志社面试了。

进行面试的恰好是杂志社的老板，一个有着辉煌创业历史的传奇人物。与老板对面而坐，李辉不慌不忙地和老板谈起了他的奋斗史。

李辉一番慷慨陈词的恭维，触动了老板藏在心底的自豪感。

老板开始滔滔不绝地向李辉讲述自己怎么在身无分文的情况下，仅仅依靠自己的一个想法和一腔热血艰苦创业的经历。他完全把李辉当成了一个老朋友、一个知音，他讲述自己曾经被人看不起，曾经被银行拒绝贷款的困境。但是，他自己从来没有在困难面前畏缩过，他的员工不断增多，人才越来越多，杂志的发行量越来越大。老板说，多年以来，他一直为自己的创业经历而自豪。

不用说大家也都能想到故事的结局，李辉轻而易举地击败了所有竞争对手。

李辉为什么能够得到这份工作？除了他有过人的业务能力外，他还明白"好汉爱提当年勇"的道理。

其实，我们每个人都会不自觉地向别人说起自己的得意之事。我们常听说"好汉不提当年勇"，其实那只是对当前窘境的无奈与感慨。时间在流逝，一些人和事，瞬息间就化作了旧纸堆里的故事。对于世人来说，一切早已成为了过眼云烟，而对当事者来说，这些精彩的故事，曾经的美丽，他们会终生铭记。

如果"好汉"还风华正茂，但正处在困境之中，你鼓励他说出过去的风光、曾经的美丽，或许会让他找到重生的力量。人最怕的其实是怀忧丧志，否定自己的过去，对未来也不抱希望。所以，当一个人愈是脆弱的时候，我们愈要耐心地听他把"当年勇"说出，分享他曾经的成功与骄傲，当他们东山再起的时候，也一定会感激我们的安慰和鼓励。

如果"好汉"还年轻，并且还正行于坦途，就像前文中提到的某知名杂志的老板，听别人说说过去的辉煌和曾经的美丽，对说者和听者都是一种激励。很多优秀的人虽取得了辉煌的业绩和荣耀，但其背后都付出了艰辛、经历了挫折、总结了经验、磨炼了能力。这些都是宝贵的财富，这种财富能让勇者保持自信，不断地挑战和完善自我；能让后来者少走弯路，在羡慕和崇拜中，调整自己的人生坐标，努力朝着梦想前进。

如果是英雄暮年壮心不已，分享一下他过去的得意之事，对已是近黄昏的老人也是一种安慰与肯定。

生活中大多数人都喜欢回忆自己的成就，没有耐心倾听别人的得意。当我们还在滔滔不绝地讲述着自己的得意时，别人已经不耐烦地甩手而去。

由此可见，从对方得意的事谈起，在人际交往中的重要性不言而喻。它在别人心里所起的化学作用，能够更加奇妙地让你与别人之间的距离缩短。但是，我们也要切记，引导别人的话题一定要真诚，这样你才能真正地获得他人的友情。

另外，我们要明白，谈对方当年的得意之事，也是一种含蓄的赞美。无论是与朋友还是陌生人，都可以多谈谈对方关心和得意的事，这样很容易就可以赢得对方的好感和认同，这其实是一种更为含蓄和高明的赞美。如果你让对方谈出了自己的得意，或由你说出了对方的得意，那么对方肯定就会对你大有好感。

所以，只要对方不是整天把自己昨日的风光挂在嘴边，我们就应多一份善心与耐心去倾听。多倾听别人的成功，多给别人一分尊重，这样不仅会赢得别人的尊敬，也会赢得更多的人生机会，别人也会在我们的倾听中获得满足与安慰。

2. 要避免只能换来"是"或者"不是"的提问

情商低，不会聊天的人，和人谈话的时候经常会出现以下情况：

问："你吃饭了吗？"
答："吃了。"
问："你在干什么呢？"
答："上网。"
问："你那天气好吗？"
问："还可以。"
问："你最近忙吗？"
答："忙。"
……

然后就没话题可讲了，因为话题总有讲完的时候。而正确的聊天思路是：去关注聊天本身，而不是聊天的话题。

作家苏岑就曾经说过，大多数聊天终结者不是不想聊天，而是不会聊，并表示，要学会聊天首先要从学会提问题开始。她说："多提有发散性思维的问题，一般我们遇到的问题分两种，开放式和封闭式，设置更多开放性的问题，有利于双方找到共同点。"

没错，大多数封闭式问题有点像对错判断或多项选择题，回答只需要一两个词。尽管它们有着明确的作用，但是如果单纯地使用封闭式问题，就会导致谈话枯燥，产生令人尴尬的沉默。比如,"你几岁了?""做什么职业?",这种封闭式的问题只会让对方一问一答,答完之后对方往往不知道接下来聊什么。而"我昨天看了XX电影,你觉得怎么样?"类似这样的开放性问题就设置了更多有趣的话题,或许能从中找到双方都感兴趣的话题。

然而,虽然每个人都能提问题,但并不等于人人都掌握提问题的技巧。当你的问题没有引起积极回应时,问题可能出在你所提问题的类型,或者语言组织上……

25岁的赵凯是一位有些木讷的理工男,咖啡厅里,他和相亲对象坐在一起,两人自报家门之后,就没话聊了,气氛瞬间变得很尴尬。时间一分一秒地走着,赵凯虽然很紧张,但还是硬着头皮打破了沉默。

赵凯:"你喜欢看电影吗?"

女生:"喜欢。"

赵凯:"喜欢爱情电影还是喜剧电影?"

女生:"都喜欢。"

赵凯:"喜欢哪部喜剧电影?"

女生:"一下想不起来。"

每个人都能提问题,不过很少有人知道如何提问题,才能将聊天一直聊下去。赵凯可以试着把这些问题,换成开放式问法,比如像下面这样。

问:"你喜欢看什么类型的电影啊?"

答:"喜欢看一些奇幻类的电影。"

问:"最喜欢哪几部啊?"

答:"《加勒比海盗》系列的。"

问:"是吗?我也非常喜欢这几部,其中杰克船长的很多情节都很搞笑。"

答:"对呀,我最喜欢的就是德普大叔,他每次出场话都很多,动作也很搞笑,当然也很帅……"

这样开放式的问法,是不是就能一直聊下去了?所以如果你想避免聊不下去的尴尬情况就要改变一问一答式的聊天方式。

下面是一些建议:

(1) 尽量不要刻意提问,没话找话让人觉得无聊无趣,而且显得很做作。

很多人对于沉默是很不适应的,正是因为对于沉默不适应,所以常常没话找话。而谈话高手知道什么时候该说,什么时候不该说;面对什么人,什么该说,什么不该说。

如果你是一个很喜欢表现自己的人,有时候也可以表现得安静些,这并不妨碍你的魅力。首先,一个人能够侃侃而谈,或幽默,或深刻,或柔情,而又不说得太过,是很有魅力的,但很多人在程度上把握得并不好。

若场面沉默,而你有能力,又想要聊天,可以去打破这种沉默。若你本身不想聊天,又反感故意找话说,那就安静地待着等对方发话即可。你没有义务一定要去打破沉默,因为沉默和尴尬并不是你一手造成的,有的时候对方也会想打破沉默和尴尬,因此对方反而会主动开启一段对话,这样问题也就迎刃而解了。

(2) 尽量减少封闭式地提问,多用些陈述句去表达自己的意愿和情感。

很多人在与别人聊天的时候,提问太多,会显得有些优柔寡断以及瞻前顾后,不如在保持基本礼貌的基础上,得体地表达自己的想法和情感,这样反而会给人一种自信、有主见的好印象。

在一定程度上，只有对自己不自信的人才会常用问句。比如说在搭讪时，男生对女生说："我可以认识你吗？"女生回答说："不可以，我有男朋友了。"（即便她没有男朋友，但若你表现得像个失败者，她也会这么说来打发你）

比如下属向领导汇报工作时，大部分员工都会小心翼翼地提问，因为你比老板弱势。其实大可不必这样，只要保持基本的礼貌，不卑不亢地陈述自己的想法，反而更容易得到老板的尊重和认同。

提问和陈述之间的效果是很不一样的，请看下面的例子：

男生对女生说："可以把你的电话号码给我吗？""我可以约你吗？""你可以做我女朋友吗？"这样的提问展现的可不是你的礼貌，而是表现了你的不自信，当你展现出这样的特质的时候，在女生面前便会显得很没有魅力。

如果男生对女生说："和你聊得很开心，留个电话吧，有时间一起出来玩。"这样充满男子气概地向你喜欢的女生表达自己的情感，这时你的语气、行为、态度所散发出来的内在特质（自信、幽默、坦荡等）会有助于让女生接受你。

总之，若要提问，请问开放式的问题，这样有利于扩展聊天的话题。当然，也请注意参考当时具体的场景和所面对的说话对象，不要死板地生搬硬套。

3. 使用 "跟我讲讲" 这个魔法词语

任何人都有自鸣得意的事情，但是，再得意、再值得骄傲和自豪的事情,如果没有他人的询问,自己一般也不会主动提及。反之,你若能恰到好处地将这些事情提出来作为话题,对方一定会欣喜万分,并敞开心扉畅所欲言。适当地给人展现的机会,让人觉得你对他感兴趣,你们的关系将会更加融洽。

有位缺乏自信的工程师,给谁讲话都是说三两句就谈不下去。他曾经求助卡耐基:"小时候,我迫不及待地想要长大,因为我感觉长大了就有信心了。我觉得,一旦长大,就再也不会害羞或者担心说什么话了。哦,天哪,我错了,哪里有信心药丸呢?"

卡耐基告诉他:"要得到信心药丸有一个方法,那就是像无孔不入的记者一样对待谈话。记者见任何人都不会害怕,因为他们知道如何回避聊天和真正让人们参与进来。他们问开放式的问题,心无旁骛地倾听,然后直指核心的相关问题。"

卡耐基还给他介绍了一个方法,那就是使用"跟我讲讲"这个魔法词语。

很多人在一开始就问封闭式问题,结果对方一个词语就结束对话了。比如:"你喜欢这次商会会议吗?"对方回答:"喜欢。"

"跟我讲讲"这个魔法词语,会把蜻蜓点水式的交流变成更深刻、更有意义的对话,让你真正了解一个人。比如:"我错过了这次商会会议,你能跟我讲讲都谈了哪些内容吗?"

李婷是一位保险推销员,她一直有意向一家公司的高级主管程平推销保险。可是,对方却表示对保险不太感冒。

正巧这天她看见程平的办公室的墙上,挂着好几幅非洲景色的照片,就立刻说道:"这些照片好壮观啊,都是您亲自拍的吗？"

程平不知道李婷扯到照片是什么意思，但还是回答说："是。"

李婷顿时流露出很赞赏的表情说道："去非洲的经历一定很有趣吧，您能跟我讲讲吗？"

于是，程平开始讲述自己拍摄的这些照片的来历，说了一些关于这些照片的趣事。正当他们讨论得热火朝天的时候，李婷把话题扯到了保险上，李婷问了他对保险的厌恶之处，之后她对程平说："我认为，一个人不应该长久地被工作所拖累。当你积累了一定资本的时候，可以做些自己喜欢的事，比如说环球旅行、发展自己的兴趣爱好等等。这一点有了保险作为保障，就可免去后顾之忧。"

程平原来就喜欢旅行，李婷的话使他心动了，他不光自己买了保险，还给公司的员工买了保险。

总之，要想让你的交谈对象侃侃而谈，不妨适时地做些提问和引导，那对方就能畅所欲言了。

让别人打开话匣子可参考以下几个小技巧：

（1）别在开始就问那些老掉牙的问题

无聊的问题总有无聊的答案，试试"你激动万分的工作进行得怎么样啦"或"你周末一般做什么啊"等话题。

（2）寻求意见

有句话说："要抓住男人的心，首先要抓住他的意见。"比如问一句"你有什么意见吗，跟我讲讲"，这就相当于发送了一条信息，即你认为他有智慧可以分享，而你又十分欢迎他的分享。没了填鸭式的陈词滥调，你正走向富有成效的交流之路。

(3)折回谈话

每次他人说完之后,你都面临一个选择,你可以接着说"我……",也可以说"你……",把话题转到对方身上,折回谈话。如果每次别人说完之后你就开始谈论自己,别人就会丧失继续谈话的兴趣。

比如你问:"现在的公司经理是谁啊?"

对方回答:"某某。"

你接着说:"哦,我知道他,他就住在我们小区,我记得有一次……"

以"我"开头的句子让注意力都集中在我们所知道的和所做过的事情上,是自己的感觉和观点,他人没有认同感,就没有兴趣继续聊天了。

如果你接着抛出一个以"你"开头的问题,那情况就大不同了。感受一下,如果你得到回答后接着说:"哦,现在的他啊,你知道他今年的公司目标是什么吗?"

以"你"开头的问题让注意力都集中在对方身上。对方能够感受到你的真诚,你是真正想要了解他们的,因此会和你畅所欲言。

4. 有些事,再好奇也要忍着不问

生活中,两位新认识的朋友坐在一起,常常有几句话要问:你在哪里高就?你结婚了吗?要孩子了吗?是男孩还是女孩?要不要生二胎?这是标准的"七大姑八大姨问法"。

为什么人们总是爱问这些呢？因为这几件事似乎反映了人的生活状况，表明这个人是否体面。然而现如今，人们的价值观发生了很大变化，生活方式也趋向于多样化，不少人不喜欢别人过问自己的私人生活。在这种情况下，与人交谈时最好是谨慎一些，最好不问过于私人的话题。一方面避免让人难堪，另一方面尊重人家的隐私。仔细想一想，人家结婚不结婚与你又有什么关系呢？当然，像"你是不是离婚了？""还想再找吗？"这类的问题，就更不应该出现。

　　还有一点要注意，女人的年龄是秘密，绝对不要问，十个男人问："你多大了？"十个都会遭到女人的反感。

　　女人爱美，都想在别人眼里永远保持年轻，也许年纪已大，但从外表上看仍然年轻，心里就会得到极大的满足和自信。如果将真实的年龄告诉别人，别人会认为她老了，那将造成极大的人生挫败感。

　　在交谈中，有很多问题不可以随便问，比如永远不要问同事诸如"你工资多少""奖金多少"之类的蠢问题。也许，你觉得彼此关系不错，随便问问没什么大不了，可如果你的问话不小心被公司人事或是领导听到了，那可真的会捅大娄子的。

　　收入是一个面子问题，比你高的不好意思驳你面子，比你少的怕你看不起。而就国外来说，收入是个人隐私，就相当于每天上几次厕所，这肯定是别人不愿意说的。

　　综合来看，谈收入是一个比较令人尴尬的问题，但是相当多的人又很好奇。一方面是单纯好奇，一方面有攀比心理，比你高则心安理得，比你低则心理不平衡。

　　李晓明初入职场的时候，由于上下班经常和前辈萧峰同路而行，交流自然多些。有一次，在办公室他居然很无知地问萧峰一个月工资多少！

只见平常和蔼可亲的萧峰嘴角上扬、摇着头，没有答话，手里继续敲打着键盘，忙工作去了。

跟李晓明接触久了的人，都觉得他太喜欢打听别人的隐私了，许多曾和他关系不错的人也纷纷避他而去，而他自己却不反思，对别人的生活依然关注，这让他的人际关系越来越糟糕。

收入问题是很私人的，问这个问题就显得一点都不尊重对方隐私，对方会感觉到被冒犯了，但有些新人会想着找个人对比一下工资，看看待遇有无差别啥的。工资算是职场中最敏感的话题了，所以记住，千万不要无知地去打探别人的薪水。

然而，现在很多人喜欢当"探长"，以打听别人的隐私为乐。比如，东家的女儿嫁不出去了、西家的儿子离婚了、谁谁的老公外面有小三了、谁谁的收入超高等等。最可恨的是这些人还要刨根问底，一副不达目的誓不罢休的架势，实在是难缠得很。

不分场合、对象、环境和谈话内容，毫无选择、毫无顾忌地追问，是很不理智的行为，同时也会造成别人的反感。

每个人都有自己的生活方式和生存空间，人与人是不同的。对于每个个体而言，都有一些属于自己内心而不愿公开的事，人们称之为隐私。隐私是人格尊严的防线，隐私权体现了人们对私生活自由的渴望，体现了个人对自身的支配权及与外界沟通的自主权。尊重他人隐私，是一个人最起码的道德准则。

每个人都有自己的隐私，法律规定尊重个人的隐私权。可是也有人把别人的隐私秘事当作笑料，以窥探他人隐私为乐。

人和人最舒服的状态，就是保持距离，哪怕是最亲密的人。总之，对于别人的隐私，我们就算再好奇也不要多问，不要多纠缠，以免给别人带来不必要的烦恼、难堪和尴尬。

5. 聊天的价值在于最后那一句 "你觉得呢？"

"喂，最近忙吗？我想跟你聊会儿，我最近好烦哦，我跟你说啊……"

"这样啊，那你要赶紧把事情按轻重程度，一件接一件处理好呀！我跟你讲哦，我最近啊……"

这样的对话你是不是觉得很熟悉，仔细想想看，我们在生活中是不是经常遇到这样的事情。当你想要跟别人交流，想让别人聆听你心中所想的时候，不知道怎么回事，讲着讲着就变成你讲你的事情，他讲他的事情，你们是在谈话，却不是交流，没有互动，最后各说各话，兴味索然地结束了谈话。

所以，当你和他人进行沟通时，除了说出自己的想法以外，随时可加上一句"我想听听你对这个问题的看法"或"你觉得呢"类似的话。这样说不但可以让对方的意见受到重视，更能使你们因思想的交流而加深感情。

在电视剧《神探狄仁杰》中，每当侦破案情时，狄仁杰总是问身边的下属："元芳，你怎么看？"

电视剧中的这段经典对白遭网友吐槽并疯狂跟风，此言一夜走红，成了网上大热的问句，人们称此为"元芳体"，这个句式也成为网友问别人意见的万能句式。

这句子里的"元芳"即"李元芳",是狄仁杰的卫队长,虽一介武夫,但心思细腻,具有超强的判断能力。网上有的人分析说狄仁杰事事都问李元芳,是没有主见的领导,其实不然。一个领导肯倾听其他人的意见,能让下属感到被尊重,满足了他们内心自我价值的体现,还能无形中拉近双方之间的距离,有利于建立一种和谐的人际关系。

所以问李元芳的想法并不是因为狄仁杰无能、无决断,反而充分展现出了一位身处高位却还能倾听别人意见的领导,这样的领导是最为下属所爱戴的。

在日常交流时,只有单方面发言的称为命令,那是上级对下级,命令和服从的关系。只要是交流谈话,就一定是双向的,你提出了你的看法,他人也有发表意见的空间。如果只有尊敬而彼此都互不了解,这尊敬往往只是建立在容忍之上。感情若要长久,又岂能一味容忍?

我们在工作和生活的过程中,常把单向的通知当成了沟通。你在与别人沟通的过程中是否是一方说而另一方听呢?这样的效果非常不好,换句话说,只有双向的才叫沟通,任何单向的交流,都不能称为沟通。

张海东是一个私企的老板,公司有五六百名员工。他行事干练,指挥若定,威风八面,宛如统领千军万马的大将军。

可是,他和自己的儿子每一次见面,没讲三句话,就会吵起来。

这天,他又和儿子吵得面红耳赤,儿子突然间就住了口,然后一字一字地说出:"爸,再这样吵下去也不是办法,我能不能请你把我刚刚说的话,重复一遍给我听?"

"啊?"张海东纳闷了,不明白儿子这是在耍什么花样。"你说……你说……"张海东只是自顾自地批评了,还真没注意儿子的话。

儿子突然间笑了说:"你看!从头到尾,你都不知道我说什么,我们不是要沟通吗?"张海东无力反驳了。

"好吧!我刚才说,父亲大人您很能干,儿子一方面很佩服,另一方面怕自己跟不上,心里多少有点压力。"

张海东冷静一想,儿子的话合情合理。这天晚上,他们父子俩竟然谈了两个小时而没吵架,这个效果连张海东也没想到。

回到公司,张海东马上开了一个重要的采购会议,讨论的是未来需要一条价值一千万的生产线。美国货质量好,日本货价格便宜,东西也不差,按以往张海东的性格,肯定是自己拿主意了,可是会议场上,张海东却望向了工程师,说:"你觉得呢?"

这让总工程师很是惊讶,他知道,老板这行做得久,又喜欢独断专行,什么事情早就心中有数。若是往常,老板肯定会在这个时候大唱独角戏,享受那种权威感,今天竟然是……

受宠若惊的工程师详细地阐述了自己的观点:"日本产的机器,东西是不错,价格也很便宜,可是将来如果出了毛病,售后服务是个大问题。他们的人因为语言问题无法跟我们直接沟通,找来的翻译对精密仪器又是外行,机器坏在哪里,我们无法充分了解。下次再发生一样的问题,还是要请他们的人来,说不定还会耽误生产时间,如此算下来,还是买美国货比较实惠!"

张海东就工程师的观点,又问了很多细节的问题,这让总工程师眼睛渐渐亮了起来。他打起精神，再次补充，就这么你一言我一语的，大家滔滔不绝地讨论了起来……

如果是要吵架，彼此只顾着反击对方就好了；如果想要交流，就应该诚心去理解对方的想法。在你阐明自己的观点之后，要懂得停下来听一听对方的想法，通常，这时你会发觉，沟通会变得更加顺畅。

6. 清空成见，认真倾听

一对情侣在谈了七八年的恋爱之后，决定分手。女方对男方说："你从来就没有听到我在说什么，你回应我的都是你想说的，而不是我想听的。我想找一个能听懂我说话的人，否则我觉得太孤独了。"男方说："什么时候你听我说了？任何事情我只要想开口，你就认为自己已经知道我想要说什么了，你怎么可能未卜先知呢？"

没错，从出生到现在，我们就一直在听，可我们真的听到、听懂、理解对方在说什么吗？在我们的人际交往中，所有人都知道要学会倾听，好像所有人也都觉得自己会倾听。"你看，我都待在这听你说完了，难道我不会倾听吗？"但是你真的理解对方所说的吗？

要想真正倾听对方的心声，我们要在沟通中做到清空成见。

为什么要清空成见？因为大多时候，我们对别人的判断总是建立在过去的认知上。这并不意味着这些判断完全错误，但有时候却也不完全正确。

我们的认知遵照这个刻板的原则，形成了根深蒂固的想法。所以当我们和一个人交往的时候，对这个人的判断，靠的是过去的了解，然后，我们就形成了一种认知，和此人的一切交往都通过这个过滤器进行。

问题在于，我们对别人的第一印象都很感性。在现实中，这些第一印象是一团混合而成的东西，里头有我们能清醒地认识到的真相，也有无意识的真相，有虚构，也有偏见。因此，从一开始起，我们面对的就是一个虚构出来的形象，而非真实的人。然而，这个第一印象会影响我们的情绪，而且会持续很长的时间。

这会影响到我们和此人的交流，因为我们会把此人说的很多东西过滤，以便适应我们那预先形成的概念。

在不知不觉中，我们会根据他人的性别、年龄、家乡、教育程度等，给他人贴上一些标签。而这些标签会阻止你倾听别人，妨碍你跟别人沟通。

为什么会喜欢给人贴标签呢？因为在大多数情况下，形成对他人的刻板印象的确是有用的。例如，在一辆拥挤的公交车上，你会很自然地避开那些身上脏兮兮或者有些猥琐的家伙，在你看来他们不像好人。但是这些结论可能是错的，身上脏兮兮的人可能是个心地善良的人。

解决办法是什么？那就要调整你的想法，撤回根深蒂固、先入为主的观念，并且建立起新的、更为准确的认知，然后，你才能和那个真正站在你面前的人沟通。也就是说，放下和清空我们之前对他人的看法，以全新的心态来倾听。

李吉林是公司的经理，他有个助理，总是没法按时完成工作,交上来的东西里总是有明显的错别字和一些小错误。但李吉林没有像大多数人一样,认为这个助理是"懒""散漫""工作态度不认真"。

他决定好好倾听一下这个助理工作拖沓的原因,于是他这样问道:"你为什么没做完?"

助理说:"昨天晚上,得了老年痴呆症的爷爷哭着给我打了个电话,而我是唯一能够照顾他的人。因此我只好放下一切去处理这些事,整夜没有合眼。"

李吉林没有批评助理因为家事而影响了工作,而是好好安慰了这位下属,并且给他批假,去照顾爷爷。下属回来之后,再没有在工作中出过错,对李吉林也是越来越钦佩。

记住:我们并不如想象中那样了解身边的人,因此我们应当敞开心扉,去掉偏见,真正理解他们,倾听他们的心声。

所以,在和人交往沟通中,我们需要这么去倾听:

(1)请先考虑对方的立场

站在对方立场去思考,去沟通,让他们感受到你的理解,从而获得信赖,使得事情可能向好的方向进行。

(2)要有良好的精神状态

良好的精神状态是倾听的重要前提,如果沟通的一方萎靡不振,是不会取得良好的倾听效果的,它只能使沟通质量大打折扣。我们要努力维持大脑的清醒,而保持身体警觉则有助于使大脑处于兴奋状态。

(3)注视对方,专注地听

很多时候,对方和我们说话的时候,我们可能正拿着手机、看着电视,这样的氛围很容易让对方有情绪。对方的情绪,不是因为你说了什么让他生气,而是你对待他的态度和方式,没有让他感受到被重视和尊重。所以一旦别人想和我们说话,我们需要放下手中的任何东西,专注地看着对方,让对方感受到"我想听""我在听",并用点头、微笑、回应或者肢体动作,表示你在听。

(4)听的过程,要有互动

及时用动作和表情给予呼应。谈话时,我们应善于运用自己的姿态、表情、插入语和感叹词,如微笑、点头等,这些都会使谈话更加融洽。

听的过程中,就对方讲的问题来澄清:"你刚才说的是不是这个意思?""我听到你在说……是这样吗?"让对方感受到你对他讲的问题感兴趣。

总之,我们要做的是:把人们的状态从"抗拒"转变为"肯听你说话"再变为"开始考虑你说的话"。我们总是根据经验和偏见来做判断,往往会产生很多的误解。我们需要更加理性地看待这些事物,学会思考,学会倾听,让对方感受到你的理解,就会慢慢地获得对方的信任。至此事情就成功了大半,剩下的继续下去,对方就会开始考虑你说的话了。

7. 恰当的附和让你成为好的倾听者

对话是两个人的事,所以在日常对话中,对方在侃侃而谈的时候,也许更需要你的一声附和,而不是你的沉默以对。

关少峰是职场中的沟通高手,领导对他很器重。有一次公司高层刚刚开完会,主管回到办公室,就把他叫了过去。

主管:"经理刚刚提出,希望我们赶紧把这个商品的销售计划再好好推敲一下。"

关少峰:"是吗?"

主管:"所以,能不能由你来负责,把这个提案再好好归纳完善一下?"

关少峰:"好的,我知道了。"

主管:"你最好听听别的同事,特别是一些老同事的意见。"

关少峰:"好,我去问问。"

(次日)

关少峰:"主管,销售计划做好了,我给您拿过来了。"

主管:"哦,给我看看。小关啊,你做得蛮不错的,不过,为了能让这里一目了然,用个图表表示会更好。"

关少峰:"好的,我明白了。"

在我们和别人交流的时候,要适当地使用"附和表达",在同意、答应时恰当地使用一些肯定的词语。在表示同意对方的观点时,也表示你在积极回应,让对方知道我们依然沉浸在谈话之中,而没有被"另一个自己"拖到其他地方去。恰当地使用"附和表达"可以促进交流,切不可忽视。

如果说得极端一点,想要在人际交往中如鱼得水,最重要的就是要会"附和"。所以,基本上每一个聊天高手都会各种各样的"附和",并且,每一个人都掌握了一套独特的方法。

"果然""果然果然""果然是这样""是这样的啊!""果然是这么一回事啊!",就连要表达"果然"这一意思也有好几种方法。为了成为一个倾听高手,你也要学会多种多样的"附和"。

附和还可以使用多种多样的语言,比如"我听见了""我知道了""继续说下去""我正听着呢""好的""没错""啊""有意思"以及"啊哈",这些词语一般都用在肯定的场合。再看一些带有否定意义的附和语,使用否定意义的附和语要比使用肯定意义的难不少。附和本身就意味着肯定,所以虽然用否定意义的词语,却不是表达否定的意思。但根据用法和对象的不同,有时是会产生微妙的变化来表示否定的意思。

最具有否定意思的词语就是"哦"。如果加强语气说"哦",就表示非常肯定,但如果像语调上扬地说"哦",则会有些否定的意思在内。

最后要说的最难的一种附和方法,就是重复对方说的话,或者说是用你自己的语言把别人的话复述一遍。为什么这最难呢?因为重复对方的话,并不是指像鹦鹉学舌一样去复述,这样只会让对方认为你不尊重他。

重复对方的话,最重要的是要做到"简洁""抓住要点""使用对方说过的话"这几个要点。具体地说,就是你要从A说的很长的话中,判断哪些是关键的语句,然后把你所选择出来的关键语句重复一遍。这样就能做到有重点地、简洁地、明白通畅地重复对方的话。

有一些附和语连专业人士都不太使用,但普通人却经常使用,那就是"理解""我可以理解""十分理解"。为什么专业人士不太使用呢?因为能够理解对方真的是一件很难做到的事。"理解"这个附和语是听的一方根据自己的理解,用来自我满足的词语。请想象一下,你说话时,对方附和道:"理解,理解。"这时也许你就会产生反感并且想:"难道你真的能那么理解我吗?要理解一个人可不是件容易的事。"人的内心活动非常复杂,一个人说的和想的不一定一样,或者当时的心情是兼而有之。

另外,我们也可以用非语言性的方式表示附和,比如面部表情、肢体语言或者手势,它们包括:

(1)扬起眉毛(表示你不太确定,或没听明白,需要对方继续介绍更多的信息)。

(2)点头、微笑(表示你认可对方的观点)。

(3)与对方靠得更近一点儿(表示你对对方正在说的内容非常感兴趣)。

(4)保持目光接触(发言者知道你正在听着)。

(5)把手举起来,掌心朝向发言者(让对方停下来,告诉发言者你没跟上他所说的话)。

附和能帮助人们建立支持与信任的关系。我们通过这样的方式,让发言者知道自己得到了认可。告诉发言者,我们非常积极地在听,这样谈话就会朝积极的方向进行下去了。

8. 你要做的就是耐心听对方说完

生活中,在某些情况下,你会变成倾听者。在你倾听别人谈话的时候,你是否经常打断别人,甚至强行结束他人的发言而代之以己见。

有时是领导在训话，有时是同事在八卦，有时是情侣之间在吵闹，你能做到耐心地听完对方说话，再发表自己的意见和想法吗？如果你做不到，这会让你在别人心中留下不好的印象。在你和领导之间做不到，没等领导把话说完就插嘴，领导可能会认为你比较幼稚，缺乏为人处世的基本素质；在你和朋友之间做不到，朋友可能会觉得你对他缺乏最基本的尊重；在恋人吵架时做不到，带来的往往是更大的争吵。在任何情况下，请耐心倾听对方的言论，不论对方说得是对还是错，是表扬你还是赞美你。

想想是不是这么回事？当你急于发表自己的"高见"，而对别人的谈话表现出不耐烦，甚至中途打断别人时，你就不可避免地处于一种高度紧张的精神状态之中。这样会加重听、讲双方的精神压力，你们在交流思想的同时，还得分出大量的精力来控制谈话的节奏。有时我们为了防止因为不能尽快说完，而引起对方的不耐烦，于是就加速谈话的节奏，结果往往造成言者不尽兴，听者不明白的尴尬情况。于是你和被你打断话题的人都会产生懊恼情绪，相互埋怨，你们很可能由此而影响彼此关系，阻断双方的友谊。

都等对方把话说完再说自己的想法，这很重要。耐心听他人说话是人与人顺利交往的一个重要因素，也是人与人相处的起点。可以说和谐的人际关系始于"倾听"，真正意义的对话建立在"倾听"的基础上。

耐心听他人说话，首先体现了对他人的尊重，而这种尊重，最容易被对方接受，并且能产生共鸣。

卡耐基在《人性的弱点》中讲过他的一次亲身经历：

卡耐基在一次晚宴上，遇到了一位著名的植物学家。这位植物学家和他讲起了大麻、室内花草，以及关于马铃薯的一些相当冷门的植物学知识。

整个谈话气氛不错，尽管有些专业术语卡耐基听得似懂非懂。直到午夜告别时，卡耐基几乎没有说过什么话。那位植物学家却高兴地对主人说："卡耐基先生是这个晚宴上最有意思的人，是一个有意思的谈话家。"

卡耐基看起来什么也没有做，实际上却做了一件在人际交往中十分重要的事，即耐心听植物学家把话题讲完。他自始至终保持了"倾听"的姿态，使对方感觉自己是被尊重和鼓励的，因而对方乐意继续说下去。

而我们身边有很多人却恰恰相反，别人认真地对他说话，他却心不在焉，不是左顾右盼，就是处理其他事情，或者摆弄身边的东西，或者时不时地起来走动……这种种方式都极其容易伤害说话者的自尊心。说话的人一旦觉得自己不被尊重，也就不愿意继续说话了。最终，双方的谈话只能草草收场，这对人际交往十分不利。

不论在什么场合，我们都应学会多听少说，耐心地听别人把话讲完。因为认真倾听别人讲话，表现了对说话者的尊重，人们也往往会把忠实的听众视作可以信赖的知己。

那么，如何静静地听别人讲话？

(1) 保持专注

耐心听他人说话的时候，要保持专注。注视说话者，保持目光接触，不要东张西望，专心于与对方的谈话，专注有两点好处：

一是关注对方所说的话，这能直接帮助我们理解对方话里的问题，及时正确地做出判断，采取恰当的回应。因为人们听话时的思维比讲话时的思维快得多，完全可以在这段时间中对对方所说的话进行思考和判断。

二是关注对方的面部表情、眼神和体态，这能帮助我们对对方的感情和态度进行推断。比方说对方十分兴奋的时候不要轻易打断他的话，对方感觉沮丧时最好能及时做出抚慰的举动。

（2）不要中途打断对方

有很多人常常在对方说话说到一半的时候，就抢过话来，自己叽叽喳喳说个没完没了。这样随意打断对方是很不礼貌的，应该让对方把话说完。

特别是当你向别人请教，对方正在讲给你听的过程中，千万不要打断。比如中间不断插话说"我知道了""我懂了""是的"等等。这样对方会觉得你一点都不谦虚，而且根本就没有专心听，或者是没有耐心听下去。既然你都知道了还来请教干嘛？除非对方最后问你："你听懂了吗？"你才可以说自己学到了很多东西，明白了许多，切记中间不要发出任何声音，最多中间点头表示就可以了，千万不要打断！

除了礼貌之外，只有让对方把话说完，才能了解对方的真正意图，从而给予恰当的回答。

（3）适时而恰当地提出问题

耐心听他人说话，意味着给予他人更多说话的机会。如果我们掌握恰当的提问方式，就能把更多说的时间留给别人。

如果自己有打扰他人谈话的行为出现，你就应意识到自己的这种行为是一种无知的体现，意识到这一点对你来说是一则好消息，因为你看到了自己的缺点。你下一步要做的就是自律，这就是一种人格的修养。下一次和别人交谈前，告诉自己要做到耐心和等待，让别人把话说完后自己再谈。

你的处世方法真的决定着你的生活质量，做一个谦逊善听的听众，跟你谈话的人就会觉得和你在一起很轻松愉快。

这些方法都很简单，试着去做一做，你将会在谈话中更加从容自信。

9. 你用百度能解决的问题，就不要问别人

你是不是也有这样的想法，有些人好像不会使用百度。明明百度一下就可以得到答案，偏偏要专门私聊，让你帮他解答。或者大张旗鼓地发条朋友圈，配几个热泪盈眶的表情高喊求助。

他们总是一上来就问："你知道 TXT 文件怎么转 PDF 格式吗？""你知道 PDF 格式的电子书用什么软件可以看吗？"

这种问题，随便在百度上面一搜，就会出现成千上万个词条，为什么不动手搜索一下呢？

前段时间，微信朋友圈疯传"与人交往的五十条规矩"，第二条就是"你能用百度解决的问题，就不要问别人"。这里想表达的是：有些人总是爱问无脑的问题，从不试着自己去找答案，总是不断问别人，令人厌烦。

李志华正在午休，电话铃突然响了，打来电话的是一个学弟："李哥啊，Excel 怎么弄一个箭头出来？"

"你等等啊！"说着，李志华一边拿着电话，一边打开了

Excel，找到了箭头图标，详细地给对方讲解了起来。

讲解完毕，挂了电话之后，李志华再也睡不着了，直接导致下午整个人晕晕乎乎的。他越想越生气："你稍微动动手指头，在百度里面搜索一下，就能知道答案，而且自己查出来的东西自己也有印象，为啥非得来找我呢？"

这还没完呢，这位学弟之后又拿各种问题来问，一次两次忍过去了。这天学弟又抱着一堆问题来"请教"李志华了，"PPT怎么做动画啊？"李志华听了这个问题就忍不下去了，他无语地对这位小学弟说："以后上班，多思考多百度！实在不懂再问，至少让别人看到你是有查过资料的……"

我们生活中有很多这样的人，上到一些停止学习的大叔大妈，下到刚入职场的年轻人。他们总喜欢张嘴要答案，伸手要经验，自己从不主动学习，主动去查。我就想问到底是有多懒，懒到不愿意去解决已经有答案的问题。非要浪费别人的时间来获取答案。也许有人觉得，你知道的答案随口告诉他一下又能怎样，要学会分享。千万不要有这样的想法，别人也有工作，别人的时间也很宝贵。不要一遇见问题就打断别人的工作，还沾沾自喜，认为自己很上进很主动很勤奋。在别人眼里，你很有可能会被贴上一个不主动思考、爱麻烦别人的标签。

在日本社会中有一个基本原则：不给别人添麻烦。生活中，如果你特别懒，喜欢无脑问周围的人，一次两次，也许别人会帮你。但久而久之，别人就算嘴上不说，心里也会不舒服，下次看到你就会躲得远远的，不愿与你聊天，生怕你再问什么问题。

力所能及的事不麻烦别人，也是一种高情商的体现。遇到一个难题首先要自己去研究，对症下药，解决问题。在这个过程中，你若实在有不明白的，再去问有经验的人，这时你就会有"山重水复疑无路，柳暗花明又一村"之感。且自己研究的过程也是思考的过程，最起码别人会认为你动过脑子，而不是一个张嘴就要答案的学生。

大家都是成年人，自我思考自我学习的能力最起码要有吧。遇到问题先冷静地考虑一下，实在不会再去问别人，另外你问的每一个问题，都能向外界展示你的认知水平、你对问题的投入程度、你的思考深度、你解决问题的能力、你的性格特质……你总是拿一些毫无营养的问题去消耗别人的时间，其实是对自己个人形象最大程度的不负责任。

一个人在别人眼中"蠢""笨""情商低"的印象一旦形成，就会被优秀的人自动隔离，就会不愿意和你相处。谁会愿意和"蠢"人一起聊天呢？如果对方觉得你的问题实在无关痛痒，懒得回复，却在相同时间发了条朋友圈，那就很尴尬了，友谊的小船说翻就翻；如果对方是你的老板，从你问出的一个个不经大脑思考的问题中，就把你的无知表现得淋漓尽致，你的职业天花板估计就可以封顶了。

你问出去的每一个问题，说出去的每一句话，都塑造了你是一个怎样的人。

深谙人际交往之道的人，一定是用最高的效率、最节省的时间，以及最小限度麻烦他人的方式完成任务，给出结果，而不是在力所能及的时候还要四下求助。

第五章

注重聊天中的情绪是高情商的法宝

1. 当别人夸奖你，避免让人无语的回应

古人说："口能吐玫瑰，也能吐蒺藜。"说话就是一个提供情绪价值的过程，它会直接影响沟通的效率和效果。

比如，你解决了你们项目中的一个大难题，别人夸奖你："你太厉害了！一个人把部门的事儿都搞定了。"你来一句："呵呵。"这样的回应除了让人产生无语的感觉外，估计还会引发别人一系列内心独白："呵呵什么，这么高傲的吗？"长此以往，友谊的小船，不翻才怪。

如果你这样礼貌地回应："谢谢，只是侥幸而已，是大家共同努力的结果。"显然，这样的回应更加得体妥当。所以，当我们在生活中，回复别人的赞美的时候，一定要避免那些很低情商的回应方式。比如，大吹大擂地谈论自己，拒绝给予回应或者态度敷衍（一个"呵呵""知道了"或者表情符……这类没有下文的回应，很容易让人产生不好的情绪）。

如果你的外貌、穿着、做派等某一方面获得了他人的肯定和赞美的时候，很多人会害羞地笑笑，不知道如何去回应别人的赞美。事实上，你若是感到难堪，对方也同样会难堪的。怎样才能使你自然、大方、自信地接受赞美呢？

请记得要谦虚地回应他人，如果可以的话，还可以幽默地

调侃一下，千万不要置之不理，这会让人觉得你有些失礼。那么，如何回应别人的赞美呢？

如果你的口才比较好的话，此时不妨试着说出一些适度赞美对方的话，这种做法在中国人眼里是"礼尚往来"。比如说别人赞美你的衣服好看的话，你可以直接回复说："谢谢！其实你今天穿的这件衬衫也非常好看，我很喜欢。"或者别人夸你帅，你就直接回复谢谢，然后顺带夸对方嘴甜！这最后一招可是百试不爽。

黄渤和马云初次见面的时候，马云说："我们俩颜值差不多，但你穿的衣服好看。"

黄渤打趣地回答道："因为世界上不仅仅有我一个先天条件这么好的人在奋斗着。"别人赞美你一句，你就回一句赞美，马云和黄渤可都是行家。

曾经，微博上一段黄渤早前采访周星驰的视频突然就火了。短短7分钟的视频中，两位实力派演员在思想的碰撞中互相打趣又惺惺相惜，相当爆笑，让人见识到了私下里星爷也是这样搞笑的一个人，原来他并没有媒体报道中的那样严肃和不苟言笑。

采访开始后，周星驰问黄渤参演《西游降魔篇》的感觉如何，并称制片人两次打电话给黄渤都遭到拒绝，最后只能由他亲自出马，打了两次电话才搞定，整个对话场面很有意思。对于拒绝的原因，黄渤称是因为之前周星驰版孙悟空留给观众的印象太深刻了，他不演没人会说他不好，演了之后可能会很麻烦。

听到黄渤这么夸奖自己，周星驰也没有谦虚，连连表示："是因为我演得太好，给了你压力？"并追问黄渤最后同意参演的原因。

黄渤表示，周星驰打给他后并没有直接要求他出演，而是问他该怎么演。因为事先看过剧本，黄渤顺势说出了自己的想法，结果周星驰给了很高的赞赏，称黄渤的想法比自己还好，最后说到了重点的一句："那就这样来好不好？"直接让黄渤顿住了。

对于自己为何非要找黄渤出演孙悟空，周星驰表示自己多年前，与黄渤在北京一家餐厅见面时，就曾被对方的舞蹈功底震惊，而且最终的结果也证明他找对了人。

在媒体的报道中，片场里的周星驰总是一个很严肃，甚至有点暴脾气的人。黄渤还就此为星爷解释，称片场的周星驰经常会有各种无厘头的想法和要求，特别喜欢哈哈哈地笑，现场氛围很好，没有传言中那么严肃。

而周星驰对黄渤也是不吝赞美之词，直言黄渤演戏时点子很多，而且追求完美，经常会提出很多新鲜的想法。其中有一个场景就给出了诸如跳舞、野兽、唱歌、尴尬、真诚等三十多个版本，相当让人佩服。

在生活中，如果你被朋友表扬，完全没有必要手足无措或害羞，可以采用下面几个方法回赞对方：

(1) 要根据对象的不同，做出不同回应

当对象是长辈，或者是上司的时候，要先感谢对方，然后表示以对方为榜样，还要继续学习。同时，在说的时候，要记住保持微笑。例如，微笑着说："您过奖了，我还有很多地方要向您学习呢。"

当对象是朋友或同事的时候，可以以自谦来赞同对方的夸奖,随后表示自己还有很多地方有待学习。例如,同样也是微笑着回应:"还好啦,我还有很多不足。"

(2)掌握反赞对方的方法

有一个公式可以套用:感谢对方+夸奖对方。

比如,当长辈称赞我漂亮大方时,我也会甜甜地回应她:"谢谢阿姨夸奖,不过阿姨保养得可真好,又优雅,又有气质。"

阿姨听完也会很开心,只是说几句话的事情,可以让彼此都开心,何乐而不为呢?

别人夸你一句,你回夸一句,这才是社交。

(3)用对方的成就回赠对方

在对方恭维自己的时候,也能够用对方的成就或者过人之处去恭维对方,以达到互相恭维的效果。如"您这本书真是精辟呢""过奖过奖,您上次发表的那篇研究报告,才是分析得入木三分呢"。

2. 少泼冷水多夸赞是情商的最低要求

生活中总是有人喜欢给别人泼冷水,吹毛求疵,提一些毫无趣味、毫无建设性的意见,让人厌烦。这样的人会留给周围人"不解风情"的印象。你以为你很理智,但你的这种理智和泼冷水的行为,只会毁掉生活中的一切趣味和美好。

其实,生活中处处都需要赞美与鼓励。一句赞美之言,一个鼓励的眼神,举手之劳或许正是别人所需。不要吝啬你的赞美,慷慨给予别人,它会给人带来快乐和信心。

林月华早上的心情特别低落,昨天她刚刚去了一家美发店,弄了一个新发型,把一头披肩长发剪成了短发。可是林月华对新发型非常不满意,觉得一点都不像她理想中的模样,气得她当时就想跟理发师吵一场。这种不愉快的心情被带到了公司,在刚进公司的时候,她甚至差点对一个客户发火。

她带着极其糟糕的心情走到了办公室,没想到,同事一致说:"林月华你的新发型漂亮,既清爽又简洁。"还有人说:"这个发型正适合你活泼开朗的性格。"在这一片赞美声之中,林月华的心情变得好了起来,接下来一天的工作都格外顺手。

老盯着别人的缺点看,对自己并没什么好处。学着发现美、夸奖别人、激励人,才是一件令所有人都感到愉快的事情。这正如同骂别人,常常让自己的火气更大、心情更糟糕。因此,不妨多在你身边的亲友身上寻找优点,尽量多夸赞他们,夸得稍微过分一点也没有关系,在把夸奖之词说出来之前,你就已经得到了回报。

孔子说:"三人行必有我师。"每个人身上都有值得其他人学习的地方,每个人都有自己的闪光点。也就是说,只要你有一双善于发现别人优点的眼睛,就不会缺乏夸赞别人的时机。

从上面这个故事中,我们可以看出,对于被夸的人来说,夸赞可能会对他产生很大的影响,对他的情绪起到一定的积极作用。

因此,在社交场合,我们适时地去赞扬别人身上的优点,展现的就是自己的一项优点。我们千万不要被嫉妒蒙蔽了双眼,不要吝啬对他人的夸奖,要将你发自肺腑的赞美之词表达出来,无论对你还是对被夸奖的人而言，都会带来很多好处。

巴森是一位所得税顾问，他因为一项9000美元的账目问题，与政府一位税收稽查员争论了一个小时。巴森先生认为这9000美元实际上是笔坏账，永远不会收上来，所以不应该征税。

"坏账？胡说！"那位查员反驳说，"这税非征不可。"这位工作人员非常冷漠、傲慢，而且呆板。巴森先生和他讲道理摆事实，都没有用……他们越是争论，事情越糟。

于是，巴森决定不再和他争论，而是改变策略，给予他一些赞美。巴森说："与你所要处理的其他重要而困难的事相比，我这件事简直微不足道。我也曾研究过税务问题，但我只是从书本上获得知识，而你的经验和知识全都来自实践。有时我真希望能有你这样的工作，它可以让我学到许多东西。"

巴森说得非常诚恳。那位稽查员听到巴森的话，有点出乎意料的感觉，他在椅子上伸了伸腰，向椅背上一靠，开始讲起他的工作来。他告诉巴森他发现过许多在税务上巧妙舞弊的鬼花招，他的口气逐渐变得友善起来。接着他又谈起他的孩子，临走时，他告诉巴森说会再考虑巴森的问题，并在几天之内给他回复。

三天之后，稽查员再次来到了巴森的办公室，说他决定不征收那笔税了。

在生活中，当别人正陶醉于自己的小幸福中时，你不要认为"旁观者清"，然后用你那自以为是的理性给他泼冷水，告诉他，他不配这样的幸福。比如，人家刚买了个自己很喜欢的小玩意儿，然后你去告诉他"你买的贵了""你被坑了"，这会让别人的幸福感顷刻间化为乌有；人家刚交了个男朋友，正陶醉于二人世界的小幸福中，然后，你傻呵呵地去说"你俩不合适，不能长久"；人家刚找了份自己很满意的工作，希望得到你的祝福，然而你却说"以你的能力，如果去另外一个单位的话，薪水要高得多"。

高情商的人面对误会，不会恶语相向，而会靠技巧、调解、宽容以及赞美来让对方放下戒心，获得认同感。少泼冷水多夸赞是一项非常实用的交谈技巧。

3. 这样的回复，友谊的小船会说翻就翻

漫画《友谊的小船说翻就翻》曾火遍整个网络，那么这个"说翻就翻的船"到底是个什么梗呢？

在英文里，友谊的单词就是"friendship"，很容易就看出来"ship（船）"翻了，"friend（朋友）"就没了。网友们又发挥聪明才智，创作了很多此类段子，比如，贬损对方的偶像、粗暴地拒绝对方……

可以说在和朋友聊天的时候，任何一句不得体的回复都会造成误会，让友谊的小船说翻就翻。

蔡康永说过："别人骂你一句，你回骂一句，这叫吵架。别人赞美你一句，你回一句赞美，这就叫社交。"在社交场合，一定要会得体地互动，不会回答的人，只会堵死对话，让人不愿意和你聊天。

李晓丽是一个自由撰稿人，她经常会写一些新闻、小说、

杂谈、散文什么的。这次，她敲定了两篇文章，第二天就会登报，结果负责她稿件的编辑，接到她的稿件后就请假了。

因为李晓丽的稿件是时效性很强的新闻评论，这样一耽搁，这两篇稿件就作废了，这让她很是懊恼。

她把这个情况说给了一位好友听，结果朋友直接来了一句："再写吧，再说自己的东西你都不当回事，怨谁啊！"

李晓丽本来是想找朋友抱怨一下，舒缓一下坏心情的。结果朋友不安慰就算了，还在一旁尽说些风凉话，这让李晓丽更加郁闷，愤愤地结束了对话。

其实，比起面对面的交流，网络社交中也要注重得体的回复，从而和对方建立起良好的人际关系。那么，怎么回复才能突显高情商呢？

（1）自嘲

在与别人面对面聊天时，别人有意无意抛过来的难题，我们不能被算计到，但也不能得罪对方，应该不动声色地加以反击，这才是高情商的体现。

如果朋友和你开玩笑说："你的脸好大呀，都要比办公桌大了！哈哈哈！"

如果直接回他："你才脸大呢！"这样的话，如果对方说的只是个玩笑话，而你这么认真，人家会说你开不得玩笑。如果对他不予理睬，别人可能会说你不礼貌，友谊的小船就要翻了。

这里使用自嘲法，就十分恰当。你可以这样回答他："哈哈哈，这是真的吗？但是脸大好抢镜啊，以后你们跟我拍合照，可都要离镜头远点，小心我把你们都挡了。"

自嘲能让你从尴尬的对话中解救自己，体面地结束对话。

（2）索取

过年的时候，小雨去亲戚家串门拜年。

"小雨，你毕业之后准备干什么呢？"

"搞艺术啊。"

"啥？搞艺术？哎呀，我的好孩子呀，咱毕业了可不能真搞艺术呀。你看那些画家都穷得叮当响，很多都吸毒乱性，根本没前途，咱还是老老实实地回家找个正经工作！咱家出来的孩子都是正经职业！你可别掉链子啊！"

如果你遇到这种偏见说法，怎么回？跟他解释那些都是偏见，自己没有乱来，年收入多少万吗？

如果对方是平辈，这么解释也是可以的，维护一下自己的职业。但对方是长辈，这种认真严肃的解释，他不会听也不想听，更不会相信，所以说了也没用。

对于这种打击贬低，可以用索取法：先承认他说得对，然后向他索取工作机会。他贬低你的工作，你就让他给你介绍工作。

小雨应该这样回答："是啊，搞艺术真的太难了，我也想找个轻松又高薪的工作。姑父你不是在财政厅工作吗？你要是能把我弄到财政厅那就太好啦！"

聊天可是个技术活，有的人接下了别人的刁难，显示出了自己幽默；而有的人只显示出自己素质不行，惹得没有人愿意跟他做朋友。所以说我们在反击时要把握好尺度，拿捏好分寸，忍住情绪微笑着翻篇儿，做到既应对了对方，又不会让友谊的小船说翻就翻。

4. 交谈不是有奖竞赛，抢答会让人很不爽

宋丹丹和赵本山的小品《奥运火炬手》中，他们分别饰演白云和黑土，共同争当奥运火炬手。主持人考他们常识的时候，有这样一个有趣的桥段。

主持："请问大叔大妈你们各自喜欢什么运动？"

白云："游泳。"

主持："大妈喜欢游泳。"

支持人话音刚落，黑土不等白云回答就抢着说："就游了三天，我回来问她你咋不游了呢？她说那游泳池里面的水不好喝！"这个回答气得宋丹丹饰演的白云浑身发抖。

生活中有许多这样的人，他们嘴上功夫了得，特别爱和别人抢话，和人聊起天来往往口若悬河。毫不夸张地说，朋友们和他在一起，只需"嗯嗯"附和两句，绝对不会"冷场"，好似这个世界的事就没有他们不知道的。

在一个相亲类的电视节目中，有个女嘉宾，身材高挑，皮肤白皙，用"美女"形容亦不为过。只是她和男嘉宾交谈时，小嘴似机关枪，嘟嘟连发，不给对方说话的机会，致使很多男嘉宾认为她很强势。尽管女嘉宾百般解释，声称自己是小女人，一点儿都不强势，但最终还是没人敢和她牵手。

在我们与他人的沟通中也要记住不急于说话、不抢着说话，更不能为了逞口舌之快，抢着拆对方的台。毕竟，谈话不是个人的表演，而是双方交流思想的活动。我们要给对方说话的机

会，最好还要考虑到对方的感受和需求，那么，你的沟通才是有效的，你的人际关系才会处于一种和睦、融洽的状态。

有一次，张晓妍和领导一起陪一批港台来的媒体客人，张晓妍在大学时所学的专业就是传媒，而且本人很有文采，在大学的时候就发表过不少文章。因此在宴会上，每当客人们提出一个话题，不等领导们开口，她就开始滔滔不绝地发表自己的看法，她的发言也很有见解，可谓是相谈甚欢。席间，张晓妍也为自己机智的反应和幽默的话语颇为得意。

宴会结束之后，张晓妍想着自己出色地完成了任务，老板一定很高兴，回去肯定会嘉奖自己。可是出乎她的意料，回到公司后，老板不但没有表扬她，反而阴沉着脸说："以后，多注意一下自己的言行。"张晓妍听后有些懵，完全摸不着头脑，不知道什么地方得罪了老板，顿时感到一肚子委屈。

在职场摸爬滚打多年的李姐知道了这个情况，给张晓妍解惑："你很有才华，也很睿智，这本身没有什么。但你一定要知道什么时候表现，怎样表现，这个度一定要把握好。尤其是在领导面前，以后千万不要再抢着说话了！"一语点醒梦中人，张晓妍反思了自己的表现，确实是太抢领导的风头了。一场宴会领导没有成为中心，自己反而成了众人关注的焦点，而领导只能在一旁陪着大家笑笑，说些无关痛痒的话，更多的时候只是个配角，所以不待见自己很正常。张晓妍恍然大悟。

我们和别人抢着说，不给人家说话的机会，难免会让人产生厌恶的心理。其实，为人处世，不妨低调一点，不张扬，不唱独角戏，给予对方充分表现的机会，既是一种尊重，也会给自己赢得加分。

我们无论是与熟悉的人交谈，还是与陌生的人说话；不管是在人口集聚的公共场合，还是在只有两人的交流场合，不要锋芒毕露，试着去倾听。不去抢话，把握一定的度，这样在赢得别人好感的同时，还会收获更多的东西。

给对方说话的机会，是人与人之间增进了解的桥梁，是拉近人与人之间距离的纽带，是赢得别人好感的中介，是彰显个人魅力的所在。

与人交往，尽量不给别人留下强势的印象，不让别人反感，学会尊重，学会倾听，给对方说话的机会，这尤为重要。它既是一门艺术，也是一种修养境界。

5. 聊天求的就是轻松愉悦，千万不要较真

世上很多事情并不是非黑即白，所以我们没有必要事事都搞得那么清楚。喜欢较真的人，也要调整调整自己的心态，不必要求别人和你保持一致，更不能强求别人按照你的方式或者习惯去做事。循规蹈矩是你自己的事情，但是千万别拿你的"较真"去折磨别人，太多的"精神洁癖"只会让人觉得你固执、死板、不合群。

有一次，林肯惩罚了一位与同事发生了激烈争吵的年轻军官，并且告诫他说："凡是决心想要成功的人，绝不能在私人成见上浪费时间。如果你们各自都有正确的一面，你不妨多让些步；即使是你完全正确，也不妨做些让步，哪怕少让一点。与其同狗争道而被狗咬，还不如让狗先走。因为即使将狗杀死，

也治不好伤口。"

　　一个人如果太过较真，势必影响自己与他人的沟通，难免会让人觉得不随和、难交往，久而久之，周围的人只能选择敬而远之。

　　与人交流需要的不是明察秋毫，事事较真，而是互相谅解，彼此包容，只有这样，才会拥有更多朋友，营造融洽的人际关系。生活中没有那么多的事情需要较真，没有必要在一些非原则性的问题上斤斤计较、求全责备，对人对事不必太苛求。

　　每个人面对问题都会有自己的判断，因此人们更愿意相信自己认为正确的事情，所以存在观点上的分歧很正常，求同存异就是了。

　　当我们闲聊的时候，不要去在意那些无关紧要的小细节，就算别人错了，也没有必要一定要去纠正它。对于一些无伤大局的事，忽略它，不用太计较。我们如果不看场合，不分对象地较真，往往在伤害了别人的同时，也使自己处于尴尬的境地，处处被动受阻。

　　所以，较真其实是在和自己过不去。如果能看开一点，理智地后退一步，我们就能收获更好的人际关系。

　　郑板桥说："难得糊涂。"这并不是要我们真糊涂，而是要有洞悉世事后的成熟与从容。我们在与人讨论的时候，不争论、不计较、不苛求，要多些理解和谅解，该装糊涂就装糊涂。下面是一些如何接受不同意见，避免争论的做法：

　　（1）欢迎不同的意见

　　应该记住这句话："当两个合作者总是意见一致时，其中一人就不再需要了。"如果有些问题你没有想到，而有人向你提出来了,你就应该表示感谢,也许这种不同的意见是使你避免犯大错的最好提示。

(2) 不要相信你的直觉

当别人的意见和我们不同时,我们的第一反应自然就是回击,但是一定要小心,要保持平常心,并且警惕你的直觉反应,因为这种直觉可能是你最致命的错误,而不是最好的决策。

(3) 倾听

让你的反对者有机会说话。让他把话说完,不要抵制、不要自卫或争论,否则只会加深矛盾,我们要努力建立了解的桥梁,而不是再加深误解。

总之,在尽量表达自己想法的同时,我们要懂得学会放弃,凡事退一步,不斤斤计较、不事事较真,那才是真正的高情商。

6. 学会适可而止,别人下次才敢继续跟你聊

其实我们有时候聊天,聊着聊着就感觉聊不下去了,要么太累,要么到了吃饭时间,要么没有话题可聊了。可双方都不好意思说不聊了,都等着对方先说,但是谁好意思先开口呢?

有时候看到情况"不妙",大概猜到对方已经没有兴趣或精力再聊下去的时候,就应该先下手为强,找个借口终止聊天。你可能会觉得这样不礼貌,但是其实对方是可以理解你的。还有些时候,我们分不清朋友之间的界线,把聊出来的感情升级成暧昧,不知道适可而止,最终朋友都没得做。

赵杰在公司的一次酒会上,遇到了一个年龄相仿的女士,

两人很聊得来，就互相留了个电话号码。后来，在闲聊中得到这个女生叫李慧慧，是一家上市公司的高管。

一开始的时候，他们之间的聊天，都是很客套的话语。慢慢地，两个人越来越熟悉，他们从问候变成了热聊，从一日三餐变成了人生理想。他们相见恨晚，无所不谈，两人都喜欢同样的电影，喜欢同一支乐队。

共同的爱好让两人关系迅速升温，成了很好的朋友。天气冷了，赵杰会提醒她加衣服；天气热了，会叫她多喝水。他们还时常交流工作、生活中的一些趣事，但很少聊到感情话题。

赵杰和李慧慧像多年的好友一样聊天。终于有一天，赵杰在一次闲聊中对李慧慧说："我们在一起吧！"他希望两人确立关系，没想到李慧慧果断地拒绝了："我只把你当成一个知心好友，咱们一直这样聊聊天不是很好吗？"

从此之后两人的关系变得尴尬起来，再也没有说不完的话，聊不完的天了。

我们要记住，在说话聊天时要讲究一个"度"，不要随便越界。朋友之间，同事之间，男女之间，都有不一样的说话方式，凡事都要适可而止，过则为灾。

所以，不管是说话的对象还是说话的内容，都是需要经过一番斟酌的。交情不够深，就别把话说深，这是待人处事最基本的分寸。

有时候在深夜晚睡的时候，你给朋友圈的某个人点了个赞，点完你就准备睡觉了，可是对方这时立马发了个信息过来：这么晚还没睡啊，明天下午去游泳吧！你若回一个"好的"，然后睡觉显得不太尊重，不回吧又怕对方生气。可是回复的内容多了，真的会影响睡眠的。太晚了，就不要给别人发信息了，并不是每一个人都愿意陪你聊到半夜的。

还有这样的问法："我今天东西丢了，你见到了吗？？还有，我明天要回家一趟，你能不能帮我把快递取一下？如果有人找我有事，记得说我回家了，行吧？如果有时间，明天帮我找一下丢掉的东西。"

"哈哈，没看见；哈哈，好的；行行行，没问题的。"你是打算让别人这样回答你吗？别总是一口气问那么多，否则别人会一个也不想回复你。

聊天时，我们到底是在注意什么，其实无非就是注意聊天发起的方式、时间的掌控、词汇的选择、态度的定位、内容的把握等等。

很多时候我们并没有注意到这些小细节，不懂得适可而止，导致在聊天时让好友误解，只要稍做改正，别人就会变得喜欢我们，你觉得呢？

7. 聊天，聊的其实是尊重

尊重是一种礼貌，一个懂得去尊重别人的人，也会得到别人的尊重和信任，在生活中，如何体现对人的尊重，也算是一种艺术。

在我们聊天的时候，说的每一句话，都带有某种信息，是喜悦抑或愤怒的表达，这一切都必须依靠彼此的话语来判断，而要能有个融洽的聊天氛围，就必须注意自己的言谈，做到尊重对方,才能事半功倍。在人与人的相处中,相互尊重是一个基础点,我们能否掌握至关重要。

朱璇是个活力四射的姑娘,甚至到了晚上她都精力充沛,所以习惯在睡前抱着手机和好友们聊会儿天。

这天晚上,朱璇跟自己的"男闺蜜"刘晓军聊着微信,可是当她看到这位"男闺蜜"发来的信息,却觉得有点怪怪的,以前他们不是这样子聊天的啊。当时,朱璇也没太在意,就这样有一句没一句地瞎聊。

可是这越往下聊,朱璇越觉得刘晓军的话离谱,竟然开起了身体的玩笑……

朱璇很是恼火,于是一本正经地告诉刘晓军别再开这样的玩笑,否则就把他拉黑。让朱璇没想到的是,刘晓军竟然还问她为什么?

朱璇没好气地说:"聊这样的话题很轻浮啊,而且,其他人看见这样的消息,会觉得这个人怎么什么样的人都结交啊……"

朱璇解释半天,刘晓军却说:"我不是那个意思啊,就是觉得熟,才会这么说话……"

朱璇顿时觉得很累,跟他讲那么多,不知道他是真不理解,还是故意不理解。聊到最后,她只说了句:"对不起,我们不熟,你这样的朋友我也不需要。"

刘晓军接着说:"你知道我朋友背后都怎么说我吗?他们都说我性格不好,太自我,你觉得呢?"朱璇说:"你不是性格不好,是情商低。而且像你这样的情商,能有人陪你聊天也算是一种恩德了。"

结果,刘晓军笑着表示很喜欢跟朱璇聊天,还附了几个色色的表情。最后，朱璇发呆了几秒，果断删除了刘晓军这位好友。

现实生活中有些人真的就是这样，他们好像连起码的尊重都不懂，这样的人谁会愿意和他聊天？所以，如果和人聊天的时候，千万不要满口都是些脏话，甚至说些低级的，无聊的笑话。

我们自己说些脏话，觉得就相当于一个口头禅，没有特殊的意思，即便有，调侃或者搞笑的因素也会更多一点。但是和一些不太熟的人尤其是女性朋友之间，说脏话，开过分的玩笑，就容易让人觉得你品质有问题，甚至觉得你并没有尊重别人。

用心聊天、尊重他人是聊天的基础。真正的尊重，不是叫你去挖空心思多说话，更不是只想着表现自己，而是彼此尊重，循序渐进，才能让人喜欢和你聊天。就算你知道很多笑话，想展现自己的幽默感，也要看场合；就算你懂得很多，想表现自己的博学，也要懂得适时闭嘴。否则逞一时口舌之快，任性了一把，惹得大家厌烦。

张小林新认识了一个玩音乐的朋友，好作品无数，他们一见如故，聊得很愉快。

这位朋友没有跟他大谈音乐创作，或者乐理那些高深的东西，而是谈对音乐的理解，一般都从最通俗的开始，条理清楚。这期间他还一直观察张小林的反应，会根据张小林的反馈，一点点往下聊。

在得知张小林的专业是植物学之后，他客气地向张小林求教："你可得给我讲讲啊，我家的花都快被我养死了。"他认真地听张小林说，还时不时地发表看法，张小林觉得整个过程很舒服，笑声不断。

聊着聊着，他们聊到了楼下的一个吉他培训班，那里的老师处处"留心"讲音乐，抓住一切机会表现自己的音乐素养，开口贝多芬、闭口柴可夫斯基，一堆普通人听不懂的理论，见人就说。大妈跳广场舞的曲子，他也批评说其品味不高，感慨"音乐已死"。

其实说话就像两个人跳舞一样，我们要学会判断舞伴的舞蹈水平，用对方能把控的动作引导，循序渐进，好接受也容易学到位，太难会让对方难以招架，也不利于进步。所以，真正的聊天高手，从来不着急炫技。跟不同的人聊天，我们的感受会千差万别，不仅跟每个人说话水平的高低有关，更多看的是是否主动配合彼此，还是只顾自己。

高情商的人，不需要随时准备碾压对方，而是了解对方的认知水平和接受水平，给予对方尊重，让谈话处于和谐氛围中，让对方感觉到被尊重，这才是正确的聊天姿态。

在一群没有踢过足球的人面前，肆无忌惮地谈论越位球和定位球的脚法，并不能显得见多识广；在一个航天航空专家面前，炫耀道听途说的 NASA 的火星计划，并不会显得很健谈……

在别人的主场上，唾沫乱飞地说自己的事情，并不会给人技高一筹的好印象，适当的时候闭嘴，反而能赢得更多的尊重。

高情商是建立在理解别人的基础上，表现自己也必须建立在尊重别人的基础上。

8. 别人生气的时候，别讲大道理

相信很多人都有过这样的体验，和别人争吵，不管怎么苦口婆心地摆事实,讲道理,对方都无动于衷。和女朋友吵架,不管怎么讲道理,女朋友似乎都不吃这一套,反而更加生气。于是很多人常常抱怨:他们为什么不讲理呢?刘媛和李健谈了好几年恋爱了,刘媛每次和李健吵架都觉得特别压抑,经常气得要死,就好像是自己的拳头打在了棉花上一样,别说声音了,一点回应都没有。

有一次,李健答应刘媛陪她看电影,可那天临时有事,刘健就告诉她今天去不了,要去公司加班。

刘媛立马不答应了,愤怒地说:"工作重要还是女朋友重要?"

李健就直接跟刘媛说:"眼下工作最重要。过了今天,以后随时都有时间陪你,可公司有紧急的事哪儿能拖延啊,搞不好工作都没了。"

接着两人就吵了起来,李健还是像往常一样,接着讲他的道理,全然不管刘媛的情绪。

这一次,刘媛面对这样的李健爆发了:"我对着你吵架简直就像对着墙说话,你到底是什么意思。我真的觉得这样的相处很没有意思,一点沟通都没有,我好累,我们分手吧……"

李健觉得莫名其妙,自己好好沟通,跟她讲道理,这样却让她觉得两个人相处不下去了,自己一点都不明白哪里错了。

后来李健咨询了心理专家,专家认为,并不是说女孩子不讲道理,而应该多去理解女孩子们的感受。"你并不知道她为了这场约会花费了多少心思,因为在乎你,所以那天她也许专门穿了新裙子,专门提了新包包,还去做了一个新发型。满心期待跟你约会的她,突然被拒绝了,心里多少有些不舒服。她其实并不是不懂当下工作最重要,但如果你对她说,当然是你重要,但现在我去认真工作也是为了你啊。通常女孩子都能接受,而且还会立马变得超级能体谅你。"

在吵架时,男人更尊重事实,但女人更在乎感受。当女生跟你无理取闹,胡搅蛮缠时,其实是心里有委屈,她不是真的想跟你吵,也不是真的想让你为难。你可以用甜言蜜语去安抚她哄她,但不要讲干巴巴的大道理。有时候你会发现女人很傻气,她永远听不懂男人讲的道理;但有时候女人又很聪明,男人只要哄哄她们,她就能马上听懂男人说的大道理。

因此,在处理情绪问题的时候,男女双方应该互相体谅理解彼此的差别。男人可以等女人气消了以后再讲道理,不然,最终只能费力不讨好。所以,这个世界上不能跟生气的人讲道理,如果你态度柔和,甚至体谅对方的难处,包容对方的错误,站在对方的角度去理解,对方立马就会服软了。

当我们面对一个生气的人时,我们不需要高谈论阔地跟他讲道理,只需要理解他,安慰他,一句暖心话,就可以让他消气。

别人在生气的时候,不要讲道理,没啥道理可讲,这个时候他们需要的是安抚,不是道理。

人们不会使劲惩罚知错就改的人,反倒是对"死不认错"去犟嘴的人心怀反感。如果知错就改、态度诚恳,反而比较容易取得大家的谅解,别人也是很容易就忘了你的错,过几天这事就翻篇了。

警察海尼斯每天都要应付各种各样愤怒的人,所以,在工作中,他总结出一套面对满腔怒火的人的标准化处理方式。

有一次,警局接到了一家小型服饰店老板打来的报警电话。这位老板说，她楼上的邻居每天都带着家里的小狗，在她的店门前大小便，虽然邻居会打扫，但是总是弄不干净，这让她无法接受。

接听报案电话后，一位警察告诉她，邻居如果没有清理狗的大小便是不对的，至于邻居清理的干净程度能不能达到她个人的要求标准，警察说了不算。这位警察的话让她更加火冒三丈，坚持要求警察到现场处理。

警局指派了海尼斯去处理这个问题。当海尼斯到达服装店时，令服饰店老板生气的已经不是邻居，而是警察。因为她觉得警察为什么不帮助善良的市民，反而和她讲起了大道理。海尼斯可以当面告诉她，接听报案电话的警察以法论法，讲的是正确的，但是如果海尼斯这样说了，只会让情况变得更糟。

于是，海尼斯搬出他的标准处理程序。首先，让民众发脾气，他等到对方完全发泄了怒气，再用自己的话把民众抱怨的内容重复了一次，表示他有专心听民众说话，而且也明白了问题所在。就这样，海尼斯成功地浇灭了对方的一腔怒火，最后，他才开始理性地着手解决问题。

其实，当我们重复解释气愤的行为本身，就可以有效地降低别人的气愤程度。他不需要你讲道理，不需要做出什么承诺，只是耐心倾听与复述，就能让生气的人觉得终于有人在听自己说了。

9. 同理心：不是认同对方的道理，而是认同对方的感受

同理心发达的人，能够知道对方想什么，要什么。所以在和别人交流的时候，他能够感受别人的内心需要，并说出相应

的话，做出相应的行动。有同理心的人也肯定是一个情商高的人，同时是一个让人喜欢、愿意与之相处的人。

有一天，赵航之的儿子小飞一起床就大声地抱怨着说："上学真是无聊透了！"赵航之立即关切地跑过去问他："怎么了？"小飞鼻子里狠狠地"哼"了一声，说："大家都说我笨得像猪呢！"赵航之问："他们是谁？"小飞继续气鼓鼓地告诉了赵航之。

赵航之说："哦，是三个人呢。"小飞接着说道："本来只有一个人的，后来那两个人都跟着叫。"赵航之分析说："所以，另外两个人是觉得好玩，于是就跟着学了？"就这样儿子和赵航之聊着聊着，语气开始放缓，手中的筷子也开始慢慢地扒起碗里的饭来。

赵航之见状继续补充道："要是我被人说是猪，我也会难过呢。"不料小飞却笑着说："你又不姓朱。"然后又自言自语地说："不过他们除了说我笨得像猪，也没有把我怎么样。"赵航之拍了拍他的肩膀说："嗯，他们也和你一样，都爱开玩笑，但都是好孩子。"

短短几句对话里，赵航之既没有替儿子撑腰，去批评儿子的同学，也没有说儿子小题大做是"玻璃心"。他只是认同了儿子的感受，儿子感觉自己被看见、被理解，原本义愤填膺的情绪早就烟消云散了。这就是同理心的最大价值和意义。

在生活中，我们在与人聊天，安慰别人或者给别人出主意的时候，通常习惯快刀斩乱麻，急着站出来替他们做决定，或者指明一个方向。实际上，别人都有自己解决问题的能力，他们之所以找我们聊天，只是希望自己的情绪能被我们接纳和理解而已。

有时候大家就是这样，不需要你一定认同他的道理，或者帮他解决什么，而是寻求情绪上面的宣泄和支持。在心理学中，心理医生和来访者的关系，就是倾听与被倾听的关系，表面是用沟通来帮来访者解决心理问题，而沟通的关键就是倾听。一个好的心理医生，就是一个懂得倾听的高手。他会从来访者的语言、表情和动作等许多方面，去捕获来访者情绪背后的原因，或者内心深层次的诉求，然后去接纳他的感受，共情他的体会。只有当来访者觉得被心理医生理解的时候，他的内心世界才会敞开，他的问题才会对心理医生暴露出来，咨询才能顺利进行下去，日常对话也与此类似。

我们还有一个致命的问题，是不会共情。所谓"共情"指能设身处地地体验他人的处境，对他人的情绪情感具备感受力和理解力。共情其实是一种能力，具备这种能力的人，更容易获得他人的信任。但是我们通常会将共情误解为同情，或者只有些流于表面的理解。

在电视剧《欢乐颂》里，邱莹莹失恋了。曲筱绡安慰邱莹莹说："你真倒霉，又被男人甩了，不过这样的渣男不要也罢。"这样的安慰充其量是同情不是共情，邱莹莹听完哭得更厉害了。而关关则不同，她一句"没关系，你哭吧，我在你身边"，就让邱莹莹找到了精神的依靠，觉得自己即使失恋了，还有朋友理解自己，陪伴自己，人生不至于太绝望和糟糕。

还有曲筱绡父母闹离婚时，她为了挽救父母的离婚，把所有的财产全部还给了她爸爸，而以身无分文的状态去投奔了赵启平。这时赵启平面对一无所有的曲筱绡，就拿出了正确的姿势，眼神里充满了"我懂你"的疼惜，双臂传递了"有我在"的力量，即使不说那句"我养你"，有了肢体和眼神间爱的传递,用款款深情来将对方的压力和委屈化于无形。

因此,除了言语之外,共情还有很多种表达方式,比如点头回应,眼神肯定,还有微笑,拥抱等等的身体语言。总之,共情就是此时此刻,即使世界崩塌了,还有我陪着你,这是何等温暖的感觉啊。

另外,我们要尽量避免假意的共情,什么是假意的共情呢?

比如说,老公被老板批评了,回家面对老婆做的一桌子饭菜,闷闷不乐,毫无胃口。

老婆是这样安慰老公的:"你被批评了,我理解你的心情,但是你也不应该不吃饭啊。"这样的方式,只不过是用理解造了个句,毫无诚意,触动不了别人的内心,别人根本感觉不到理解。

最后,给别人意见的时候,一定要摒弃说教的"应该理论",不要将自己的道德或行为准则绑架到别人身上,这是对人起码的尊重。

10. 对方抱怨, 耐心倾听好过给解决方案

有社会心理学家说:"好的沟通在于三分说,七分听。"然而我们大部分人是反过来的,尤其是急性子的人,一遇到身边有人碰到困难来抱怨,不搞清楚原委就急着给解决方案。比如好兄弟被公司炒鱿鱼了,就立即说:"没事,工作没有了再找呗。"朋友说她失恋了,就说:"没事,天下好男人多的是,过几天我给你介绍更好的。"这就好比看文章只看了个标题,而它真正的内涵和信息其实都藏在后面的文字里。要知道失业的

背后，可能还藏着被同事抢了客户，被老板当众批评的经历；而失恋的背后，还有着背叛和激烈争吵的经历。

对方来抱怨，正确的应对姿势，就是安静的倾听，陪着他，让他说出心中感受。通常一个人在充满负能量的时候，给他一个发泄情绪的环境，比出一堆主意更有效。当他发泄完了，闹够了，情绪也就放松了下来，这时候不需要问，他也会将自己经历过的所有事情一一讲出来，宣泄和倾诉都完毕了，他的痛苦也就减轻了一大半。接下来，无论是帮他审时度势，还是一起谋划未来，都会有事半功倍的效果。

一家超市遇到一位非常难缠的顾客，这个顾客认为他们超市销售的商品有问题，给他造成了损失，威胁经理说要到电视台曝光，去消费者协会投诉。这个超市就想尽快解决这个麻烦，于是就派人去交涉。

该派一个什么样的人呢？众人一致决定要派个口才好的，能言善辩的人去，结果这个人去了之后，的确跟他摆事实讲道理，把对方说得哑口无言，但是说赢了顾客却没有得到他的认同，而且还闹得更厉害了。

后来超市没办法就再派一个人去，派一个什么人呢？这次换了一个脾气特别好的人，这个人口才并不出众，但是非常善于倾听。所以第二个代表去了之后，静静地听这个客户抱怨，而且只简单地回答："是，是这样。"对他的遭遇表示同情，然后让他把不满发泄出来，唠唠叨叨听了几个小时。第二个代表后来又去了几次，继续听他的各种不满和抱怨。等到第四次上门的时候，这个客户改变主意了，说自己不再闹了，这事就这样算了，而且马上撤销了向有关部门的申诉。

从这里来看，能言善辩虽然能够把对方说得无言以对，但是并不能解决问题。真正解决问题的技巧是什么呢？并不是口才，而是倾听。你只要学会静静地聆听别人说话，可能就是最好的开导和安慰了。

我们在倾听对方抱怨的时候，还要注意以下几点：

（1）耐心聆听，不与他人争吵

别人既然会来找你抱怨，就表明他已经遭到某种程度的伤害，一定有满腹的话要对我们讲。因此，耐心倾听是一种很好的方法。

当然，在他提出抱怨的时候，一定会说出自己的感受。所以，在你和他交流的时候，对方随时可能说出某些不理智或粗暴的话来。这时候，对于他们来说，只是要求能发泄一下心中的不满情绪，希望能得到同情与理解，消除自己心中的怒气，得到一些的心理上的安慰。

作为一个朋友，如果连耐心聆听这点都做不到的话，就不太够格了。因此，我们要耐心地聆听他们的心声，就算对方说出些不好听的话来，也不要与他争辩。

（2）聆听不是为了理论

理论是双方各执一词，把自己的感情和想法与对方沟通。但是，这种沟通根本无法满足对方，无法起到好的作用。因此，当朋友向你抱怨时，我们一定要冷静地让他把他心里的牢骚全部说完，同时用"是""确实如此"等语言，以及点头的方式表示理解，并尽量从中了解原因，这样一来，就不会发生冲突甚至是争吵了。

如果我们面露不耐烦或讥讽或挖苦，进而中断他的谈话，或是我们一味地给他们提建议,就不太好了。

其实,这是心理学上一种"心理净化"现象。它告诉我们,当别人找你抱怨的时候,作为朋友最好的做法,就是耐心地聆听他的抱怨,然后,再采取最适当的办法处理他的难题。

(3) 站在他人的角度上说话

"将心比心"意思是说,为人处事要经常用自己的感受去理解别人的感受。当对方向我们抱怨的时候,他们最希望得到我们的同情、尊重和理解。

所以我们要站在他们的立场上,经常想一想"我如果是他,我又会有怎样的感受"。因此,不管对方如何说,我们都应该认真倾听,体谅对方的心情,为他们着想,这样才可以真正地消除他们的坏情绪。

(4) 真心实意地帮助他人解决问题

别人找你抱怨说明他对你很信任,在我们耐心倾听完之后,可以让他感受到重视。然后我们就可以分析他的需求,真诚地与其进行沟通,提一些建议,帮他解决问题。

(5) 微笑面对,分享你自己的感受

别人找你抱怨肯定心存负面情绪,我们要微笑面对对方情绪的发泄,用乐观的心态稳住他们的情绪,耐心地倾听他们的抱怨,充分认同他们的感受。最后再提出解决方案,并提供帮助,这样才能逐渐化解他们的不良情绪。

另外,除了耐心倾听,我们把自己的感受真诚地分享给对方,能引发他的思考,也能让对方更好地体会和感受自己的情绪,尽快摆脱负面情绪。

第六章

你的好心,要用更令人舒服的方式表达

1. 为什么你的好心，对方却不领情

生活中常常会遇到一些情况，我们全心全意地为对方着想，费尽心思给对方出主意，对方却不领情，甚至有些"没良心"。面对我们提出的那么好的建议，对方却总是不开窍，像个榆木疙瘩。

生活中"我都是为你好"这样的行为有很多。

最直接的：我这是为你好啊，你怎么就不听呢？

"委婉"一点的：我就是活生生的教训啊，你可别走我的老路……

命令式：我告诉你啊，你应该这样，不应该那样。（我是专业的，你听我的）

马后炮式：我早就说过了，是你不信我吧，你看现在……

在日常生活和工作中，不只我们会说这样的话，还会时常听到别人说这样的话。其实想想，为什么我们会说出"我这都是为你好"这样的话呢？还不是因为我们真的是想你好嘛！所以，大部分的好心都是出自真心，只是沟通方式让人无法接受。

年轻人在春节回家的时候，大都被七大姑八大姨催过婚。他们当然是出于一片好心，可为什么遭人反感？关键就是"好心人们"的情商都太低了。低情商者们充满善意地去做一件

"好事",却还让别人很不舒服、很不领情,他们觉得自己"吃力不讨好"。但真正"不识好歹"的人,却并非那些不领情的人,而恰恰是低情商者。他们自己说话做事不识趣,不会换位思考导致别人无法领情。

低情商者的善意一旦以一种错误的、甚至是愚蠢的方式表达出来,那么,他对被关心者所造成的伤害,就会变成一种恶意。并且,一旦他们对善行稍具微词,便可能被指责为"不知好歹""忘恩负义",于是,他们便不得不一方面承受着伤害,另一方面表现出一副感激涕零的样子。

不会说话的人,往往比不会做事的人更不受欢迎。会说话的人,即便是不会做事,也可以让别人开开心心地替他把事做了;但不会说话的人,即使他热心地关心别人,甚至是替别人做事,也往往是吃力不讨好。然后,他便埋怨对方"不识好歹",却从不反思自己是不是情商太低了。

我们这个社会最迫切需要的那种情商,并不是如何通过"人情练达"和"抗挫折能力"来取得所谓的"成功",而是说话做事考虑别人的感受,尤其是,要尽量避免以错误的善良或愚蠢的善良去伤害别人,在遭到反击后还总是感到很委屈。

那么如果我们想说"我是为你好"一类话的时候,要怎么沟通会比较好呢?

(1)建立同盟关系,而不是敌人

如果我们直接说:"我这是为你好,我用过来人的经验教训告诉你……"这个时候我们立场就变了,不是平等的朋友式的相处了。这个时候我们的立场其实是敌对的,任何人都会开始开启防御机制,不再想和你继续沟通下去,更别说能听得进去了。

所以，我们可以试试用咨询的方式沟通，先变成真正的同盟者关系，而不是"敌对"的，也就是和对方确立为朋友、伙伴的关系。

（2）引导式提问，而不是命令式给答案

比如，你抽烟抽得很凶，如果别人直接叫你戒烟，你肯定是不会听的。"反正抽烟的是我，抽坏了也是我的"，这样沟通就基本无效了。又或是我有疑问，你直接告诉我应该这样做，不应该那样做，因为你是站在你的立场，你的能力能做到的，不代表我也能做到，所以我做不到或者干脆不做了，这样的沟通基本上也是无效的。

这时候，我们先别着急想着如何解决问题，先站在他的立场，比如：想为他好，劝他别抽烟。如果先尝试问问：

"你能和我说说抽烟的感觉吗？有什么好处吗？"

"如果你是我，看到我这样抽烟，你会说什么？"

"如果你的孩子问你，抽烟好不好，你会怎么回答呢？"

……

不要一开始就直接说抽烟不好啊，抽烟损害健康之类的，别人很难会听进去。我们可以先转移抽烟不好的事儿，反过来先聊聊抽烟的感觉，有什么好处吗？有什么东西可以替代？不要直接问责，先引导一些正面的问题，关注到好的地方上来。

如果是解决其他问题，一定要先让其看到他有能力或是优势，再引导其探索可以解决问题的方法，而不是让其按我们的方式去做，那只是我们想要的，不一定是他想要的。

我们需要的是：定好原则、守好底线、多些宽容、少些计较,始终保持平常心态,营造宽松和谐的氛围。把严谨细致的要求更多地对着自己,在别人需要的时候再送上你的"肺腑之言",这样别人才会领你的情。

2. 如何提建议,才能避免显出自己的优越感

生活中,在与人沟通的时候,你是不是遇到过这样的情况:只不过想在讨论中提出不同观点,却让对方觉得你在针对他,觉得你不尊重人,骄傲自大喜欢卖弄,爱秀优越感。当然,大多数人讨厌的不是你给他提建议,而是在提建议的时候,好为人师,有意无意地显露出优越感。

所以我们在生活中给人提建议,千万不要给人好为人师的感觉,那该怎么提建议?需要注意哪些呢?

有人说"我不问,你不讲;我问了,你再讲",就可以了。你以为别人问你,你才回答,就能避免"秀优越"的帽子了吗?未必!你还要用别人能接受的,得体的方式讲给他听才行。

那么,在日常交流过程中,怎样教导或指点别人才能避免"好为人师"的大帽子,更高效地把自己的想法正确传达给他人呢?

(1) 节省沟通成本

很多时候,我们要和对方讨论的事件也许并不复杂,但由于自己的大脑"绕了弯子",导致谈话内容被曲解,所以在沟通的过程中要清晰地表达你的意见。

做人要圆润,但如果在沟通一件重要的事情的时候,说得

总是过于模棱两可，会加大沟通成本，甚至耽误正事。

比较好的方法是直接提建议，不要怕得罪对方。在工作中，拥有"职业精神的人"才会自始至终得到大家的尊重。但要注意的一点是，在发表意见的过程中，要保持头脑冷静，不要误把"攻击性的语言"当成"直截了当的语言"。

比如，某化妆品品牌要推出一款口红新品，需要一名明星代言人，大家一块开会讨论。

A 的意见是请一位当红女星来代言，同事 B 的意见则是请个气质沉稳的中年男星代言。那么同事 B 应该如何说出自己的不同意见呢？

错误说法："以这位女星的荧幕形象，根本撑不起这款口红'经典、优雅'的品牌内核，邀请她来不是花钱打水漂吗？"

听的人很可能误解成：B 的语气"咄咄逼人"，是情绪上的反对。

正确说法："我认为比起找年轻女星代言，不如找个气质上佳的中年男星，原因是女人化妆的很大动力是给男人看，借由男星的嘴说出这款口红能让女性变得更有魅力，会让客户的接受度更高，起到更好的市场效果。"

（2）不要把"沟通"当成"辩论"

在工作中，我们经常会遇到这样的情况：明明只是讨论一个无关紧要的问题，却因为双方意见不一致开始争执，最终也没讨论出结果，反而浪费了很多时间。

造成这个问题的很大一部分原因，就是在快节奏的沟通过程中，我们会因为出现意见不一致的情况，而情绪化地把"沟通"变成"辩论"。

但事实上没有人是永远正确的,当对方提出反对意见时,永远不要被潜意识里的"我要说赢"的想法控制,从而急着说服对方,让对方接受你的观点。

当你发现是自己错了,要勇于承认。正视错误彼此推进才能在沟通结束后,最大限度地得到良好的效果,况且承认错误不是示弱,也不是说明你比别人差,相反,这是一种自信、成熟的表现。

比较好的方法是,沟通前想清楚这次沟通的最终目的。在沟通开始前把这个结果和对方达成共识,再进行讨论,促使本次谈话的目的始终围绕结果进行。

(3) 直接开口问,不要揣测

通过猜测对方话语中的信息,来得出对方的意图,而不是直接询问,得出的结论肯定存在偏差,毕竟人与人之间肯定存在理解偏差。

如果不想事后后悔,当对方传达的信息里有任何你不太明确的地方,哪怕是最细微的问题,你都应该直接开口问。

如果你担心突兀地追问会引起对方不适,可以采用"重新定义"的追问法则,即以你自己的理解,将刚才的信息重复一遍。

这种"委婉"的提问方式,会让对方觉得你是在认真思考他的话,而不是草率地做出评价或责问。

这里提供两个小技巧:

①用陈述事实的口吻"改变"说话人的措辞

对方:"今天的会议真是毫无意义。"

重新定义:"你是说今天的会议太长了,而且还没讨论出结果，对吗？"

②从说话人给出的信息中抓出一个例子

对方的话："《超人大战蝙蝠侠》比《美国队长3》观影体验差劲多了。"

重新定义："你是说《美国队长3》的打斗场面设计得更加用心，对吗？"

使用"重新定义"的追问法则，会让对方觉得，你是个对他话语感兴趣的好听众，从而会很乐意向你进一步阐述他的观点。

别人不问，就别主动说。别人问了，话也不要说透、说满，点到为止。不要好为人师，觉得自己很了不起，觉得给了意见就是拯救了他的人生，即使别人欣然接受，也不一定会把你当成了不起的人。

孟子说："人之患，在好为人师。"每个人都有傲慢好胜的心理，都想比人家好，都想教训别人，都想指导别人，这是很多人都会犯的错误。

记住，尊重别人是做人的基本修养。一个人如果能够做到这一点，肯定也会被大家尊重，成为一个人人都愿意接近的人。

3. 批评的话，也可以很悦耳

你是不是也见过这样的人，他们总喜欢鸡蛋里挑骨头，吹毛求疵，对谁都很挑剔，末了来一句："我这人说话很直，你千万别往心里去。"就算他说得有道理，也让人难以接受，对此你是不是想说一句:"我一定会往心里去的!"

你可以吐槽朋友胖,但你不能说她"肥得像头猪"。调侃和侮辱是两回事;幽默和嘴欠是两回事;直率和不分轻重是两回事。

简单粗暴、不加修饰地批评别人,很容易引起别人的怨恨,让对方产生强烈的反抗情绪。反之,在批评时,运用含蓄、委婉的语言,效果更佳。这就如同小孩吃药片时,如果加点糖水送入口中,他们会欣然服用。说话时你不妨给批评的语言裹上一层"糖衣",而幽默就是其中最好的一种。

有一次,几位生肖为鼠的同学在测验中得了满分,他们便得意洋洋。班主任发现了这个情况后便对他们说:"怎么,骄傲了,你们知道骄傲意味着什么吗?请注意今天下午的班会。""啊?下午班会!看来要被批评了。"这几个同学心里想,可事实是这次班会让学生感到妙趣横生。

班主任在班会上是这样对学生们说的:"俗话说,这林子大了什么鸟都有,同样的道理,天下大了,什么老鼠都有。老师听说过这么一个故事,说有一只小老鼠到处游逛,恰巧看到两个小孩在下斗兽棋。小老鼠便悄悄地过去看,结果发现一个秘密,这就是,尽管斗兽棋中的老鼠,可以被猫吃,可以被狼吃,但是它可以战胜大象。这下子,小老鼠就得意起来,自以为是真正的百兽之王,瞧不起猫,瞧不起狗,甚至拿狼寻开心。有一回,小老鼠还大摇大摆地爬到老虎的背上,恰好老虎在打瞌睡,懒得动,抖抖身子就算了。于是,小老鼠便更加得意了,它趁着黑夜钻进大象的鼻子,大象觉得鼻子痒痒的,就打了个喷嚏。小老鼠立刻像出膛的炮弹一样飞了出去,就这样飞呀飞,好半天'扑通'一声掉进了臭水坑里。好,现在请大家注意'臭'字的写法,怎么写来着,'自''大'加一点就是'臭'。有趣的是,今年正好是鼠年,咱们班有的同学是属鼠的,那么这些小老鼠会不会也掉到臭水坑里呢?我想不会,但必须有一个前提,那就是永不骄傲。"

说到这,那几位同学自然明白,老师的批评全包含在那个有趣的小故事中了。从他们后来的表现中,表明他们乐意接受老师的批评,并且很快地改掉了骄傲的缺点。

幽默的批评之所以容易让人接受,是因为幽默的语言一般不会对别人造成心理伤害,它比单纯的批评、开导更悦耳。我们知道,幽默的效果就在于既出乎意料,又合乎情理,令人含笑不止,而又回味无穷。笑声是一种润滑剂,它能大大改善批评教育的气氛。老师不是高高在上的布道者,学生也不是规规矩矩唯命是从者,只有理解了才笑,这是学生自己感悟到的,比单纯的灌输更能占领学生的头脑。

幽默的批评既能使人认识自己的不足,又不伤害他人的自尊,它善意地揭露他人的错误,把其中的荒唐可笑集中在一起,让人在笑声中完成否定的过程。从而提高认识,它的内涵更能表现善意、爱意,它更能让我们和被批评者之间融洽和谐,更能给被批评者改过的动机。

不过,批评的幽默要注意语言要通俗易懂,这样可以让听者更快地理解其中的意思,还要注意把你要批评的地方巧妙地渗透其中,不是为笑而笑,而是让听者在笑声中有所收获。最后的话语最好来个画龙点睛,主要是对自己的目的有所总结,还能让人有一个清醒的认识。这样的幽默才有事半功倍之效。

另外，根据具体的情况不同，批评的方式也各有不同。对于他人的批评要非常小心谨慎，要因事、因人、因时、因地制宜，反对生搬硬套的批评。上面几种方式如果你能恰到好处地应用，效果一定不错，会使批评的话语"良药甜口"，很悦耳。

4. 说点你的悲惨事，让他治愈一下

当听说某个朋友刚刚经历了一场灾难时，我们可能会震惊、担心、歉疚……当这些复杂的感受从心中划过，我们会开始想到朋友的种种，从而为他们担心，想要做点事情来抚平他们的痛苦。但不幸的是，我们往往不知道该怎么办，甚至说些不该说的话，让情况变得更糟。

人们在内心不安时讲出来的话通常不会太得体，不信你就看看下面的测试。如果朋友向你倾诉说："我真是太倒霉了，谈了两年多的女朋友跟我分手了。哎，我真想一死了之！"你会如何安慰他呢？

别急，先想想再看下面的选项：

A."你怎么这么想，一次失恋就成这个样子，也太没出息了。"

B."哎，是挺倒霉的。你再想想有没有什么跟她和好的办法？"

C."我比你更倒霉呢，我都被人家甩过两次啦。"

D."不用这么难过，改天我帮你介绍一个更好的。"

恐怕只有极少数人会选 C，因为自揭伤疤，看上去不太让

人舒服。但是 C 却是所有选项中最能安慰人的回应。"我比你更倒霉呢,我都被人家甩过两次啦!我完全能理解你的感受。"这就让讲话者觉得自己的感受不再是独一无二的,有人能够理解他的感受,讲话者自然觉得受到重视。如果,你继续往下说一下你的伤心感受,更是会减轻他的心理压力,也让谈话中心从对方转移到你身上。

所谓感同身受,往往只有"身受"才能"感同"。只有亲身经历苦难,才能真正安慰他人。所以,安慰一个人的最好方法,就是把自己的悲惨事说给他听。

苏晨的一个闺蜜告诉苏晨,她的男友有外遇了,关键是她知道这件事的时候,男友已经外遇了两年,周围所有人都知道,只有她不知道,她想过要自杀……

苏晨是这样安慰闺蜜的:"我前男友外遇了五年,我是怎么知道的呢?那个女孩跟他同居了一年多,跑来找我,说实在看不下去了,没见过我这么傻的女人。我懵掉了,去质问前男友。他一不做二不休,直接告诉我,刚跟我谈恋爱不久,他就开始外遇了。我们异地恋了五年,他外遇了五年,他所有朋友都知道,我还傻子一样一直以为他对我很好。"

苏晨讲述了自己更悲惨的事情后,又和闺蜜聊了会家常,顺便多安慰了闺蜜几句,闺蜜的心情顿时好多了。

网上有句话流传甚广:"当别人难过的时候,唯一的治愈方式就是,知道自己不是最惨的。"这句话在很多场合都很适用,毕竟每个人的心理都是差不多的。

由于金融危机,李耀庭的公司欠下了高达几千万的债务,成了远近闻名的"典型案例"。其实不光李耀庭的公司这样,各行业都不景气,导致公司倒闭关门的情况越来越多。于是,越来越多想要跳楼的企业家找到李耀庭。

看着事态这么严重,李耀庭干脆成立了一个"互助会",来帮助那些求助的人。那些企业家在李耀庭的帮助下,逐渐走出了困境。他是用怎样的技巧,让那些想要跳楼的企业家,重拾信心的呢?

通常情况下,他会静静倾听这些企业家们的困难,然后当事人若有想不开的地方,往往他几句简单的话就能安慰他们:

"你们几百万的有什么想不开的,我这大几千万的债务还在这。首先信仰很重要,信仰能帮助你恢复信心,靠自己永远不够,精力实在太有限了,我就是一个经验教训。其次要竭力维护好一生建立的信誉,其他事情慢慢解决,不要太急。很多时候企业的问题,也不是一下能解决的,大家一起想办法,一定会有出路的。"换做其他人这么说,大家未必能得到安慰,但李耀庭这么说就完全不同,他的自身经历就具备很强的说服力。《马太福音》中说:"康健的人用不着医生,有病的人才用得着。"这句话至少有两个意思。首先,要想成为能够安慰和医治病人的医生,一定要在医学院校学会各种专业技能。其次,光有专业技能还不行,还需要各种实验研究和临床经验,才能准确判断疑难杂症。

这里说的"医生"可以应用到各个领域,实战经验丰富,理论知识渊博的企业家,如同"医生"一样,自然会成为那些创业者的顾问"医生"了。一般他们一听具体情况,就能比较准确地"把脉",并"对症下药"。

其次,另一个层面就是,只有相同症状的病人才能感同身受,彼此才能有效地安慰对方。

比如,一个仅仅得感冒的人,如何有效地安慰一个糖尿病患者;抑或一个得胃病的人又如何有效地安慰一个白血病患者?

只有遭遇相同情况的人,才会更懂对方,对彼此的倾听更有力量,勉励的回应才会真正安慰人心,也只有亲身经历苦难,才能真正安慰他人。

5. 安慰人的话,如何才不会越说越伤人

女友心烦,如何安慰?

兄弟表白被拒,该说些什么?

朋友考试失败,欲哭无泪,该如何安抚?

当我们认识的朋友遭遇不顺时,我们的反应总是不大得体。我们总是说出他们不愿意听的话,令他们难过;他们需要我们时,我们却不在他们身边;或者,即便和他们见了面,我们的安慰往往也效果不大。

我们并非存心对他们无礼或冷漠,但是却常常因为不会说话,而让被安慰的人感觉不到我们的关心,甚至越说越伤人。

可见,安慰人是一门艺术,要想得体地安慰别人,所运用的语言大有讲究。没有人会明白别人的故事里有过多少快乐或伤悲。不加干预、不给是非地倾听和认同才是安慰的最高原则。

请记住安慰的本质是爱、关心和尊重,其次安慰的方式要因人因事而异。

话说如果有个会安慰的人在身边,是什么感觉呢? 那真是

分分钟铲平世间烦恼，看人间处处洒满阳光！

因此，当别人遭遇困难不幸时，我们应该多说些有利于振奋精神，增强信心的语言。这些语言虽然没有严格的套路，但有些方法可以让我们衡量情况后做出得体而真诚的反应，这里是一些建议：

（1）认真去聆听

聆听不是保持沉默，而是仔细听听对方说了什么、没说什么，以及话语背后真正的含意。所谓的聆听，应该是用我们的眼、耳和心去听对方的声音，同时不要急着知道事情的前因后果。我们必须把自己的"内在对话"暂抛一边。所谓的"内在对话"是指聆听的同时，在脑海中不自觉进行的对话，包括动脑筋想着该说什么、如何响应对方的话，或盘算着接下来的话题。

（2）开导

开导的前提是你要有一定的生活阅历和经验，至少比对方要多一点。开导有三个要点：一是开解问题，通过分析、举例等形式找问题原因，指出解决的方法。二是疏导情绪，通过安慰关心让对方走出状况。三是拥有足够的耐心。

（3）表现乐观的心态

泰利·福林马奥尼是麻州综合医院的护理临床医生，曾给几百个艾滋病患者提供咨询服务。据她说，许多人对得了绝症的人不知道说些什么才好。

他们总会说些"别担心，过一阵就会好的"之类的话，即使明知这些话不真实，而且病人自己也知道。

"你到医院去探病时，说话要切合实际，但是要尽可能表示乐观。"福林马奥尼说,"例如'你觉得怎样?'和'有什么我可以帮忙的吗?'这些永远都是得体的话。要让病人知道你关心他,知道有需要时你愿意帮忙。不要害怕和他接触,拍拍他的手或是搂抱他一下,可能比说话更有安慰作用。"

(4) 给予适当的鼓励

鼓励的技巧在于肯定对方的优点、潜力和价值,相信对方未来的表现,有时候一些小动作也可以传递鼓励,比如眼神注视、点头、微笑、拍肩膀等等。

前些年很火的电视剧《奋斗》中夏琳鼓励陆涛的情景很值得学习。陆涛:"如果我一辈子穷困,你还会爱我吗?"夏琳:"如果你一辈子努力,即使穷困我也还爱你。"

(5) 提供具体的援助

如果你能轻松地帮对方找出问题的答案,那是再好不过的事。最好的安慰,莫过于替他解决困难。有些人碍于面子可能不好开口提出自己的需要,你可以主动询问他需要什么帮助,或者主动给对方提供可能需要的援助。比如帮他安排一次相亲;联系一些有用的人脉;推荐一位有名的专家;提供一些资金或工具支持等。

(6) 给予一句走心的安慰

安慰的要点首先在于理解对方的苦恼,再根据对方的需要发自内心地给他适当的安慰,安慰本质是关心的体现,不同的性格、情绪、状况要有不同的表达。

安慰人,更像是一门艺术与技术的结合体。你能在合适的时机以合适的方式给对方一句合适的安慰,不是一件容易的事。安慰本身是爱、同情、关心和尊重的体现,只有重视、倾听和理解对方,才能给予真正的安慰。

6. 欲否定, 先肯定

小志说话最喜欢说"不",一旦和别人的意见不一致,他就会说"不""不对""不是的"。但他否定完别人,往往还没把自己理由说出来,对方就扬长而去了。最后没人愿意和他聊天,闹得大家都很讨厌他。

当我们和对方意见不一致时,该如何提出自己的观点,又不会让别人讨厌你,让别人听进去呢?

美国第 30 任总统卡尔文·柯立芝发现他的女秘书虽然长得非常漂亮,但工作经常颠三倒四。一天早晨,柯立芝看见女秘书走进了办公室,便对她说:"今天你的这身衣服真是漂亮,正适合你这样年轻漂亮的小姐。"女秘书顿时颇感意外,柯立芝接着说:"但你不要骄傲,我相信你处理公文的能力也能和你一样漂亮。"果然从那之后,女秘书处理公文时很少再犯错。

从这件事里,卡尔文·柯立芝概括出了一个"肥皂水理论"。大意是说人们刮胡子之所以要先抹肥皂水,是为了刮起来不疼,这就是告诫人们要懂得以退为进,要学会温情沟通。

"肥皂水理论"在应用之前,一定要坚持换位思考的原则。假如批评的对象是我,这样的批评我能否接受?切忌不管三七二十一,先批完再说,这样不计后果的责怪批评,反而容易激化双方矛盾。

"肥皂水理论"是表达批评的一种很好的手段和方法,它最终的目的是有针对性地采取不同的方法解决问题，达到顺利沟通思想，实施正确方案的目的，切忌耍花腔，图表面现象，而不解决实际问题。

欲否定，先肯定，是"肥皂水理论"中柯立芝总统案例所使用的方法，也是批评常用的方法。主要表现形式是：先表扬，再批评，这种方法符合心理学的原理。当你先听到表扬时，心里是高兴的，觉得对方知道自己这么多优点。在批评后，还沉浸在表扬中的你认为自己只有这一点缺点，一定能改正，在表扬中容易接受批评，这也是心理学的魔力所在。

科里是一个学识特别渊博的教授，他有个好的小习惯，就是不管对方说了多么无知的话，他一定会很诚恳地说"对"。然后认真地指出对方这个观点中可以成立的点，然后延展开来，讲出他的看法。

这么牛的人肯定了你，你一定受宠若惊，而他把你的意见上升到那么高大上的高度，你会觉得自己和他都很厉害。所以，在批评对方的时候，学会先肯定对方，再讲自己的意见，沟通氛围会好很多。

美国著名人际关系学大师戴尔·卡耐基也很善于用"肥皂水理论"的方法达到自己的目的。

有一次，卡耐基在纽约租下一家饭店的大厅，准备在那里搞一次为期一个月的短期培训。就在他把所有的票都印好送出、所有的通知都发下去的时候，他接到了饭店的通知，那就是租金必须付出比平常多3倍的价钱。

卡耐基自然不愿增加费用，两天后，他直接去见饭店经理，说道："接到你的来信，我感到十分震惊，但我不责怪你们，换了我，或许也会这样做。你是经理，当然要为饭店着想。现在让我们写下这件事对你们的利弊。"

卡耐基在"利"的下面这样写：首先大厅可以空下来，你们可以有其他的用途，比如可以租给别人跳舞或开会，收入会比租给我用来培训收入高。在"弊"的下面卡耐基写道：我付不起高昂的场地费，会另选别处，你们将会失去这份收入。而且我们的培训会吸引很多受过教育的上层人士，你们将会失去替自己做广告的最好机会。也许你们每次花1万美元在报纸上做广告，都不一定会有这么多人来你们的饭店看看，这对于你们来说不是很值得吗？

"请你们仔细考虑一下，尽快通知我。"说完，卡耐基把纸条留给经理就走了。第二天，卡耐基便收到了回信，租金只是象征性地上涨了一点，而不是原来的3倍。

在这个社会上，一个人想永远不与人发生冲突，这是不可能的。对待冲突，有人喜欢忍让，不管自己的想法对不对；有人总是对着来，结果与人闹得两败俱伤；而高情商的人往往懂得以退为进，让对方在一种舒服的情绪中接受他的建议。这种聪明的做法，使他们成为社交场合的赢家。

7. 传达感情，别只会说

蔡康永说："传达感情不一定要会说话。"没错，实际上说话从来就不仅仅是开口发出声音这么简单。据说，在人类的沟通中语言传达的信息只占了7%，肢体语言却占了55%，此外还有一些信息是通过语气、态度、遣词、造句、眼神、肢体等来传达的。

换言之，如果我们能恰当地使用眼神、表情、动作，也可以起到意想不到的效果。比如说，90%的人会在见到你的4分钟内形成对你的第一印象，而这其中60%—80%的评价来自你不太在意的肢体语言。所以进入一个新的环境的时候，如果想让自己很快就被接纳，甚至广受欢迎，那就别放过从头到脚每一个用身体说话的机会！

我们都知道，詹姆斯·邦德为什么让人觉得那么酷？伊丽莎白女王为什么显得那么高贵？他们的共同点在于审慎地使用肢体语言，而不是经常手舞足蹈。这样的审慎行为常被理解为底蕴。

幽默戏剧大师萨米·莫尔修曾经说过："身体是灵魂的手套，肢体语言是心灵的话语。如果我们的感觉够敏锐开放，眼睛够锐利，能捕捉身体语言表达的信息，那么，言谈和交往就容易得多了。认识肢体语言，等于为彼此开了一条直接沟通、畅通无阻的大道。"

在沟通过程中，我们完全可以利用姿势、手势和其他肢体动作来与他人进行卓有成效的沟通。

首先，我们要注意的是我们的姿势。姿势不是呆板的动作，你可以根据你的欲望把姿态加以改变，而且得发自内心，才可以表现出来。因为姿势是内心的表现，所以你如果坚持要训练成为一种模型，那不但单调，而且是可笑的举动。说话的姿态要以自然和灵活为原则，这样得体的姿态才会成为你说话的一个助力。

我们大部分的谈话，总是有机会可以坐下来的。关于坐的问题，有很多种不同的方式，有的人喜欢坐在人们的中间，让大家围坐在自己的身边，有的喜欢坐在角落……

其实，坐的位置最好是对着和你说话的人，这样能和对方有更多的交流。而且要注意，坐的时候，姿势要自然，而且保持端正，千万不要斜靠在椅中或是盘起腿。

一个人在发表意见时，对于手的摆放位置也应该特别留心。究竟两只手应该怎么处置呢？倘若可能的话，最好是忘掉它们，让它们自然地垂在身体的两边。不过万一你觉得它们讨厌，甚至觉得有些累赘，不妨把双手插在衣袋里，或是放在背后。

总之，手的摆放要使你的情绪安静，不必顾虑听众会留意到你手的位置。你应当集中注意于真情的流露，而两手却是帮助你真情流露的工具。

其次，还要注意说话的态度要尽量自然。

说话的态度是谈话技巧里很重要的一点，态度不是说你的行动，而是指说话的本身，因此你必须留心自己的话有什么应注意的地方。当然，在和别人闲谈的时候，也用不着装得过分严肃，只要一切顺其自然就好了。

你是不是也有这样一种经历？当有人把一种意见，用诚挚且令人感动的语气对你说出来，你的心里就不易产生相反的意见。因此，如果你想要给人留下一个好印象并使人赞同，请记住激起人的感情，比引起人的思考更为有效。

最后，要注意你的肢体动作语言。

"肢体动作"也是一种语言。从你在别人眼中出现，一直到你开口之前，这一段时间，你都在说着话，只是并非用口来说。在你开口之前,你的眼睛、你的动作、你的全身都在表达某种意思。这些你所表现出来的东西,会使人准备听你说话,或是不想听你说话,使人对你产生敬意或是产生恶感,所以在开口之前的这段时间要特别注意。在你开口之前,你必须用你的一些肢体语言,向听的人传达你对他们的敬意与好感,暗示你所要说的话的重要性和它基本的色调。不只是在演说的时候要如此,在平时说话的时候也是这样。即使在闲谈的时候,在朋友们的客厅里,坐着的你忽然站起来,或者把你的座位向对方移近一点,或者在众人之中,选择一个良好的位置,或者突然采取一个不寻常的姿势,只要你做得自然得体,对你的言语会有很大的帮助。

我们的手是最会说话的,我们不必每一句话都配上手势,因为手势做得太多,会使人觉得不自然。可是在重要的地方,配上适当的手势,就会吸引人们的注意。如果能够使人在听你讲话的时候,不但有得听,还有得看,那你几乎可以不必担心对方的注意力会从你的身上游离开。

胡说八道不算是说话,随手乱舞也不算是手势。不自然的手势会引起别人的反感,造成不必要的麻烦。优美动人的手势常令人心中充满惊喜;非常柔和温暖的手势会令人心中充满感激;非常坚决果断的手势,能表达一种巨大的力量。手势可以在谈话中加强我们语言的力量,丰富我们语言的色调,因此手势也是一种独立且有效的语言。

人跟人沟通常有障碍,只要抓住这些细节,运用身体的语言、眼神、表情、动作等,就能帮你受到大家的欢迎,成为沟通高手。

8. 如果对方冲你发火

郑宇最近感到很郁闷，他负责的一个项目需要和另一个部门合作完成，而和他直接合作的是一个年轻的女孩。由于经常在一起讨论，难免会产生一些摩擦。坏就坏在，每次遇到意见不合的时候，那个女孩就会表现出很不高兴的样子，有时甚至会在办公室对他大发脾气，郑宇不知道该怎样应对。

如何应对别人的怒火可是个技术活，有的人既给人消了火，又能显示出自己的幽默；而有的人却只能显示出自己的无能为力。

那我们应该怎样应对这样的情况呢？如何在忍住情绪，微笑面对的同时，避免被人当作是"小绵羊"？怎么样快速反应才能显示出高情商呢？

通常情况下我们要先分析对方发火的原因。

看看是不是对方本身的脾气暴躁，天生不好相处。看她（他）是不是对所有的人、所有的事都这样，因为这表明了她（他）本身的性格是否如此。

也有可能她（他）只是针对这件事，这样的话仍建议你通过沟通的方式去解决。可如果她（他）只对你发火，那么这件事肯定只和你有关，你就要寻找原因了。

如果她（他）就是看你不顺眼，故意针对你，或者放大你的问题。我们可以跟她（他）先礼后兵，先问清楚是不是有什么地方得罪她（他）了。如果她（他）是无理取闹，我们一定据理力争。如果都有错，就请各退一步，为了避免更大的冲突，都低个头。

如果她（他）无缘无故对你发火了，我们大人不计小人过，说不定她（他）会意识到自己的错误，反过来和你道歉。这时候我们试着包容吧，这样可以显示我们是个有修养的人，但是你一定要告诉她（他），一次两次能够忍让，但是没有谁会永远忍让。

相反，无论是在生活，职场，还是家庭中，一个能控制住情绪且不乱发脾气的人，更能收获好人缘。

一个高情商的人，懂得控制自己的情绪，在自己对的时候，给别人退步的空间。在自己错的时候，更会放低姿态，主动认错，而不是跟别人比谁的声音大，气势高，嗓音亮。

一个高情商的人，有很多优秀的品质，但好脾气，绝对算得上是必备的一种。

当然，有好脾气，也不代表永远不发脾气，而是要学会合理地发脾气，不然大家觉得你没有底线，什么玩笑都开得起，什么人都可以上来欺负你。遇到让你觉得很不爽，重复发生的事情，就是要发脾气。尤其是涉及重要利益的纠缠，就算不生气，也要发脾气。

我们不要把别人恶意的话放在心上，不要因为别人的过错惩罚自己！可以用以下方法灵活应对：

（1）要善于理解对方

任何事的发生都是有前因后果的，我们要搞清楚对方发脾气的原因，是专门针对你的，还是对任何人都是如此？如果自己是导火线，那么要从自己入手，避免那些使对方不爽的言行。

倘若一切跟你无关，彼此又不熟，就远远地避开好了。

（2）避免争吵

争吵对双方都没有好处，不但影响你的情绪，也会使对方变得更加暴躁。在气头上的人一般自尊心很强，一点就着，即使明知自己不对，也不肯认输或道歉。对于这样的人，你应该表现大度一些，避免和对方争吵。

（3）向对方说明情况

当对方向你发火的时候，你不要和他针锋相对，那样只会火上浇油，把事情弄僵，要保持自己的好心态，不要被对方破坏了情绪。如果自己觉得憋得实在难受，可以找个适当的场合和时机，向对方说明情况。

很多误会的产生，都是因为缺乏沟通。发脾气的人不一定不可理喻，往往只是性子比较急而已。倘若你们进行一番深入地沟通，让彼此多些了解，或许他能改变自己的坏脾气。

（4）装聋作哑主动休战，有时来点幽默

争论永远分不出胜负，懂得适可而止是一门艺术。从心理学的角度说，保持幽默感、愿意服输、找理由开溜、装聋作哑、故意曲解都是不错的解决方法。除非对方真的人格有问题，一般情况下装聋作哑、主动休战、有时来点幽默是让争执渐渐平息的好方法。退一步海阔天空，忍一时风平浪静。为了不让别人生气，我们需要经常联络感情，多参加集体活动，要做好自己，如果别人太过分了，我们就少和他来往。

∞ 第七章 ∞

高情商的人如何应对令人棘手的聊天

1. 话题卡住了，赶紧换，不要恋战

话题卡住了，是我们在日常生活中经常会遇到的事情。比如说一个男生带自己心仪的女孩儿到海边玩儿，女孩儿很高兴，然后自然地问了一句："你是不是带你每一任女朋友都来过这里？"

试想一下，如果这个男生比较心直口快，那么无论他回答"是啊"还是"怎么会"，估计都会令对方感到不快。但如果刚好没话接，一下子冷场了，那可能会让双方都陷入尴尬中。

对于这种情况，蔡康永说："话题卡住了，就另换一个话题。"虽说一个话题被提起后，总希望能问出个结果，或者是想告诉别人某个答案。但是，卡住了就是卡住了，只有暂时丢开它，才不会让自己显得手忙脚乱，之后有机会，再绕回来就是了。

比如当男孩儿被自己在意的女孩儿问"你是不是带每任女朋友都来过这里"的话题时，即便谈话卡住了，高情商的男孩儿依然可以面不改色地另开了一个话题：

"我昨天看了一部电影，讲的就是关于深海的秘密。"

"是吗？是自然写实片还是科幻片？"

……

如此，男孩儿便可以自然而然地和对方谈论新的话题，而对方应该也不会记得之前无聊的话题了。

除此之外，我们还可能会遇到一些防备心很强，或者是天生个性比较冷淡的人。这种人无论我们怎么努力找话题跟他聊天，对方基本都是以"嗯""是吗""这样啊"回复，让我们无言以对。

这种时候，高情商的人大多会简单有礼地说清楚自己该说的话，如"公司明天上午8点开晨会"或者是"很抱歉，这次就不麻烦你了"，说完赶紧走人。

当然，转移话题也要讲究方法，如果方法不合适，不但达不到转移话题的目的，还会引起对方的反感。

（1）巧转视线

话题卡住时，你可以把自己的视线转向窗外，表现出对外面的天气或景物很关注的样子，然后评论天气的好坏、气候的变化、新种的花草等。或者把自己的视线集中在对方的穿着打扮上，赞美对方的服饰有品位、有档次，赞美对方青春靓丽，然后自然地向对方讨教护肤的方法、如何购买化妆品等等。

（2）掌握主动权

在对方还没有完全把话题摊开之前，马上另立个话题，像"东街那家烤肉拌饭超好吃""新上映的电影真的很好看""爬山虽然累但很有意思"……然后顺理成章地转换话题。在这期间，你最好时不时地向对方征求一些意见，让他发表一下自己的看法，这样会让你显得更真诚。

另外，如果对方谈论的话题你不感兴趣，或者不想多谈，那就可以通过身边一些无关紧要的事情来扯开话题。如"我最近老是睡不好""我有个同事前段时间结婚""那天我在路边看到一只超萌的小狗"……这种"节外生枝"的方式，同样可以让你的话题顺利转移。

（3）发散思维

当你碰到一个说起话来天南地北、滔滔不绝的人，要怎么才能抢到话题的控制权，进而达到转移话题的目的呢？如果你是个想象力丰富，并且发散性思维较强的人，不妨从对方的话题中找到能让你想到的东西。比如说："你说的话让我想起了你的爸爸，他……"

（4）假装没听懂

装作没领会对方的谈话意图，对方说东，你就说西，对方说人，你就说事。这种装疯卖傻的行为虽然看起来不着边际，却是转移话题的好方法，但要保持一个度，因为适当的装傻可以让对方无奈，但若是太过头，就会惹人不快了。

（5）直接转移

当你感觉到整个话题的氛围显得过于沉重，比如对方说到自己的伤心处，不妨直接说："我们换个话题吧。"将当前这个难过的话题先放放，说点儿别的。

最后我们要注意一点：转移话题并不是欺骗，而是为了转移对方的注意力。所以，如果为了避开当前话题而说谎，是有违和谐交流的准则的。

总而言之，很多事情都要善于随机应变，交流也是如此。而那些善于转移话题的人，也会比那些笨拙的人更容易和人聊得开。

2. 对方与你争辩，把胜利让给他

《欢乐颂》里有一句台词："常与同好争高下，不共傻瓜论短长。"结合剧情来理解，大概就是聪明人常和聪明人玩在一块儿互相较量，不会去与傻瓜多接触浪费口舌。

我们不能把与我们争辩的人看成是傻瓜，但我们若是在一些无关紧要的问题上纠缠不清，也只能证明我们自己的情商太低。诸如哪个明星是不是耍大牌、星座究竟准不准、微信头像到底和一个人的运势有没有关系等。

19世纪，美国有一位青年军官个性好强，总爱与人争辩，经常和同僚发生激烈争执。林肯总统因此处分了这位军官，并说了一段深具哲理的话：

"凡是成功之人，必不偏执于个人成见，更无法承受其后果，这包括了个性的缺憾与自制力的缺乏。与其为争路而被狗咬，毋宁让路于狗。因为即使将狗杀死，也不能治好被咬的伤口。"

卡耐基曾在自己的著作中讲到这样一个故事：一个叫奥哈尔的人到他的讲习班听课，他没有受过很好的教育，但非常喜欢争辩、挑剔别人。他做过司机、汽车公司推销员，但都不理想，所以找到了卡耐基。

卡耐基与奥哈尔沟通后，得知他在做汽车销售时，经常因为不愿接受顾客的批评而与对方发生口角。他对卡耐基说："我听了不服气，教训那家伙几句，他就不买我的东西了。"

于是卡耐基开始教奥哈尔如何减少讲话,避免和人发生争论。后来,奥哈尔成了怀特汽车公司的一位推销员。

奥哈尔说起自己成功的原因:"假如我现在走进人家的办公室,对方如果这样说:'什么?怀特汽车……那太不行了,就是送给我,我也不会要的。我打算买胡雪公司的卡车。'我听他这样说后,不但不反对,还会顺着他的口气说:'老兄,你说得不错,胡雪的卡车确实不错。如果你买他们的,相信不会有错。胡雪汽车是大公司的产品,推销员也很能干。'当他找不到与我争论的点时,我就找到了一个向他介绍怀特牌车子优点的机会。"

以奥哈尔的个性,他以前要是遇到这种情况,十有八九会直接冒火,然后说胡雪牌汽车是如何的不好……当他说哪家公司出品的汽车不好时,对方可能越会指出它好的地方,争论也就愈是激烈,对方也就不愿意买他的汽车。但当他学会了如何避免争论、如何少说话时,情况便反过来了。

高情商的人从不会和人做无谓的争辩。因为他知道,即便自己赢了,也得不到任何好处。我们既不能像当红明星一样上头条,也不能获得一分半毛的利益,唯一剩下的,不过是一口憋在胸中的"气"罢了。

而从另一个角度来讲,每个人的经历、看法、眼界、地位、视角等方面都有所不同,就像有人说北上广的生活是多么丰富多彩、纸醉金迷,但这些地方也不乏早出晚归、缩衣节食的穷人。当你与一个人的生活方式、追求目标,甚至是三观思想都截然不同时,那为什么还要去争辩,强硬地要求别人与自己的想法趋近相同?

高情商的人会选择保守、迂回地提醒，只要对方不是过于"粗神经"，就能听出自己的立场。反过来讲，如果我们遇到了一个非逼我们认输的人，只要认输不会伤害到自己的原则和底线，那认输又有何妨？把无谓的胜利让给对方，不仅会显得自己有肚量，也会让对方乐意与你进一步交流。

因此，当我们想与人争辩时，首先不妨冷静地告诉自己：争辩不会带来任何好处，只能得不偿失，逞一时之快不会给我们带来想要的结果。

其次，每个人的思想是不同的，所以我们与他人的想法不同很正常。而在面对那些不懂得尊重我们的人时，就更没有必要与之争辩了。更何况，俗话说："观点不同，不必强容。"两个观点完全不相同的人针锋相对，必然会两败俱伤。

第三，我们在判断别人的观点时，不一定要根据自己的原则，不妨试着换位思考一下，也许会给我们带来新的观点。

最后，当我们指出他人的过错之前，一定要清楚对方是否会接受你的意见，如果不能，那么我们说再多也是浪费口水。

柏拉图曾经告诉过人们："当你在教导他人或者指出他人错误时，一定不要被对方教导或者情绪被对方控制。当你指出人们所不知的事情时，要使对方感到那只是在提醒他，而不是在责备或者命令他，不然就会不休不止，甚至发生更大的冲突。"

就像《老子》中有这样一句话："夫唯不争，故天下莫能与之争。"这里的"不争"，指的是不争名利，同样也指不做无谓的争辩。如此，世上便没有人能与你相争。

所以，不要与人做无谓的争辩，它只会给我们减分。

3. 有人故意刁难你，机智应对

在人际交往中，我们如果能巧妙地运用轻松机智的语言进行反击，不仅可以分散对方的注意力和攻击力，让自己从窘态中解脱出来，还能表现出自己敏捷的才思和宽大的胸怀。

大文豪萧伯纳的新作《武装与人》首次公演便获得了很大成功。演出结束后，萧伯纳走上剧院的舞台，接受大家的祝贺。正当他准备向观众致意时，却听到观众席上有人大声说道："萧伯纳，你的剧本简直糟透了，赶快收回去，停演吧！"

观众大吃一惊，都用异样的眼神看着萧伯纳。在大家都以为他会对此大发雷霆时，萧伯纳只是沉默片刻，然后笑容可掬地向那名挑衅者深深鞠了一躬，并且彬彬有礼地说："我的朋友，我完全同意你的意见，但遗憾的是，我们俩反对这么多观众有什么用呢？就算我和你意见一致，可我俩能禁止这场演出吗？"

简短的几句话便让挑衅者无地自容，只好灰溜溜地离开了剧院。

面对挑衅者的无理取闹，萧伯纳没有反唇相讥，而是用赞赏的方式去顺应对方。这种方法成功地让他化被动为主动，占据了有利的地位，从而让挑衅者不战而败。这就比"针尖对麦芒、你强我更强"的方法要高明得多。

还有些时候，总有些人会由于某种原因，在言语上不怀好意地挑衅、刁难你。面对这种情况，无论是气急败坏还是闭口不言，都会让自己处于不利的位置。如果我们学会这种方式，不仅能机智地化解尴尬，还能赢得掌声。

因此，与人交流，要学会变通。一个高情商的人会把话说得像"打太极"一样柔韧有度，并能够做到具体问题具体分析，在大事上坚持自己的原则，小事上变通处理。这样，就可以把一些敏感的问题应对得轻松自如了。

在2004年的雅典奥运会上，刘翔勇夺110米栏金牌。当时，一名外国记者不怀好意地问："亚洲人在短跑上一直是弱势，许多人怀疑你成绩的真实性，认为可能是服用了查不出来的兴奋剂，请问你怎么看？"

刘翔盯着对方，稍加思索后，从容地回答："贵国的医学一向比中国发达，服用兴奋剂的历史比中国悠久很多，如果有这种药，你们的运动员一定用过了。不过可以肯定的是，你们就算服用了兴奋剂，也没有进世界前三。"

这番话把那位记者噎得满脸通红，哑口无言。刘翔当时就机智地用医学这个概念转换了兴奋剂的问题，这样的回答不可谓不机智。

美国前国防部长罗伯特·麦克纳马拉曾说过："不要回答别人问你的问题，回答你想回答的问题。"这是因为在很多时候，如果双方各执一词互不相让，那么出现矛盾冲突的可能性就会很大，而这对我们的人际交往是不利的。对此，高情商的人大多会采用暂时"搁置"的方法来解决这一问题。

那么在面对争执时，我们该如何将对方尖锐的问题回答得恰到好处又深入人心呢？

(1) 要说的话反复斟酌

当面对对方故意刁难的问题时,在开口之前,我们应该将准备说的话倒推回去,经过反复的斟酌后,就可以避免因一时冲动而说错话。毕竟说出去的话就像泼出去的水,在我们的生活中,因为一时冲动而产生冲突的事太多了。

(2) 避开语言雷区

如果双方谈论的话题本身就比较尖锐,那么在语言上就更应该避免过分苛刻。学会拐弯抹角地将话语间接化、淡化,然后从反面提醒对方,达到减少语言攻击性的效果,从而让对方主动地顺从你的"诱导"。

(3) 学会刚柔并济

在对方刁难的话语中,学会提炼对方语言的重点,然后在这些"重点"词语中多加一些柔和的语言。这样,在为你增添谈吐魅力的同时,也更容易打动人心。

另外,把话说得尖锐而不尖刻,是高情商人士的交流法则之一。因为他们明白,给别人一个台阶下,保住对方的面子,才是笼络人心最聪明的做法。否则,只会让自己的敌对圈子越来越大。

4. 遭遇尴尬,及时出面打圆场

每个人都有遇到尴尬、出现口误的时候,在人少或两人相熟的情况下还好,若是在人多的场合中犯错,面子上肯定过不去。

吴悦珊最近在某医院麻醉科实习。在这个科室，一般病人在大手术后都要求使用镇痛泵，药物由专门的老师配备，吴悦珊只要在手术快结束之前去拿就好。

一天，在一场手术快结束的时候，吴悦珊对身边一位师兄说："师兄你帮我盯一下监护，我去拿一下振动棒！"此话一出，整个手术室都寂静了……

生活中，类似这种尴尬的场景数不胜数，比如当一个人气势汹汹地说："信不信我叫一车面包人打你！"此话一出，气势没了，尴尬却上来了。这时，如果我们能及时站出来替对方"打圆场"，保全对方的颜面，那必然会赢得对方的好感，并让自己在人际交往中取得良好的效果。

另外，"打圆场"的目的是为了调解纠纷、化解矛盾、避免尴尬，进而打破僵局。但打圆场也是需要技巧的，运用得好，可以消除误会、缓解尴尬的气氛。但如果运用得不好，可能还会火上浇油，把自己弄得里外不是人。

因此，一个善于打圆场的人，一定是一个处事功底深厚的人，是一个高情商的人。比如，台湾著名主持人吴宗宪，就是个能把"打圆场"技巧运用得炉火纯青的人。

在一次在户外真人秀《男神女神》的节目中，有4位女选手表演了一段舞蹈。期间，可能是因为紧张，有两名选手的舞蹈动作出现了一些小失误。当时，不仅两位选手因此而局促不安，场面更是变得尴尬不已。

这时，主持人吴宗宪连忙打圆场说："虽然你们当中有人跳错了，但没关系，要知道，方才那些失误的样子是全世界最可爱的。就连卓别林都说过'全世界最精彩的演出，就是出错的那一次'。"此话一出,大家都笑了。

没有人希望在表演过程中出现失误,但它既然出现了,也只能想办法"圆"回去。吴宗宪正是巧妙地借助了卓别林的一句话来安慰选手们,顺利缓和了现场气氛。

能够巧妙借助恰到好处的语言及时出面打圆场的人,一定是高情商的人。而作为一种语言艺术,学会如何打圆场,对我们来说也是非常重要的。下面就来看看,当尴尬出现时,我们要如何打圆场:

(1)换一种说法

当我们说错话的时候,我们可以通过与其他词语进行组合,从而修复我们因为口误所产生的尴尬。比如当你说:"她不怎么漂亮。"为了解决口误带来的尴尬,可以继续说:"而是很美。"

(2)与别人一起将尴尬化解

当身边的人已经将内容说错的时候,我们可以帮忙。比如对方在说一个笑话时,还没说,自己却先笑了,那我们就可以顺着说:"看样子这个笑话很好笑,他还没说就已经笑了,既然这样,就由我来为大家讲述这个笑话。"

(3)把口误的内容与其他事物进行联想

如果我们口误所说的内容能够与其他人或事连在一起,就可以顺着这个意思继续说下去,让自己的口误变成自身对其他知识的了解。这种方式不仅可以帮助我们化解尴尬,还能加深他人对我们的认识。但是,这种方式需要我们对其他知识相当熟悉,以免出现"画蛇添足"的现象。

(4) 顺其自然

既然错误已经发生,不妨顺着错误继续下去,比如当我们叫错一个人的名字,那我们就可以说:"你的名字让我想起了以前的一个朋友,所以希望我们也能够成为很好的朋友。"这样在缓解尴尬的同时,还可以拉近彼此的距离。

(5) 颠倒话语内容

当我们因为没有记住一件事情的先后顺序而出现失误时,可以直接颠倒所说内容的顺序,给大家一种"事实就是这样"的感觉。比如当我们在描述一个人的生平时,却直接说到了对方的成就,那不妨顺着这个话题说下去。然后再介绍这个人的其他方面,以此来避免一时口快所带来的尴尬。

(6) 及时承认并更改

出现失误的时候,我们也可以直接承认自己说错了,然后用"抱歉""不好意思"之类的语言来缓和气氛,再重新对之前的话进行叙述。

如何打圆场需要一定的技巧,想要成功地打圆场,就需要我们根据实际情况,灵活对待。

5. 面对讨厌自己的人,如何聊才能让其改变心意

不知你有没有过这样的"躺枪"经历:自己与周围的人相处得都挺好,但莫名其妙就被某个平时没什么交集的人讨厌上了,而自己又不知该如何对待。下面我们就来看看高情商的人是如何与讨厌自己的人相处的。

（1）淡然看待

面对讨厌自己的人，可以先在心里安慰自己说："我又不是人民币，怎么可能让所有人都喜欢我。"当然，在必须要交流的场合中，高情商的人会尽量表现得客气，并且只谈工作，给对方最起码的尊重。

（2）直接问对方"为什么"

有些人讨厌别人的原因非常莫名其妙，像什么"她上周穿了一件和我一样的衣服""她和某电影里的坏人长得很像""我不喜欢她的妆容"……遇到这样的情况最好的办法就是带着真诚的态度直接问对方。这样不仅可以得到与对方沟通的机会，还能知道对方讨厌自己的原因，而在获得答案后，我们才能决定自己是不是要改变。

（3）适当改变自己

所谓"冤家宜结不宜解"。如果那个不喜欢我们的人是我们无法忽视，并且需要与之打交道的，一个高情商的人会选择适当地改变自己，让自己身边的人际关系更加融洽。

杨舒玲和男朋友进入拜见双方父母的阶段了，但当她带着礼物去拜见男友的父母时，却明显感觉到男友妈妈对自己的不待见。尤其是在男友像往常一样照顾自己时，她清楚地听到对方的冷哼声。

为了获得未来婆婆的喜欢，在第二次拜见对方时，杨舒玲没有像上次一样等着男友照顾，而是提前准备了几道拿手好菜，特意为对方做了一顿饭。

吃着杨舒玲亲手做的饭菜，男友妈妈显然很高兴，说："想不到小杨居然做得一手好菜，我一直担心儿子找个不会做菜的女朋友,那就太辛苦了。"

杨舒玲笑着回答:"阿姨,您就放心吧,我家也是我妈下厨,没有让大老爷们进厨房的道理。更何况,我总觉得,女人要是做不了一手好菜,是不够资格当媳妇的。"一句话说得男友妈妈眉开眼笑,高兴极了。

一个人讨厌另一个人总是有理由的,杨舒玲之所以能在短时间内扭转未来婆婆对自己的印象,是因为她准确把握住了对方的心理,把话说到了对方的心坎上。

(4) 反唇相讥

当然,一味地改变自己去迎合别人,也需要区分场合和自己所面对的对象,否则会让别人觉得我们软弱可欺。

在一次晚宴上,一个年轻的小伙邀请一个女孩跳舞。女孩上下打量了他一眼,看着他瘦小的身形,非常不礼貌地说:"我不想和孩子跳舞。"

小伙愣了一下,然后收回自己停在半空中的手,聪明地回答:"对不起,我不知道你正怀着孩子。"一句话让女孩儿从脸红到了耳根。

当我们因为别人的不友好而陷入尴尬时,我们的隐忍退让可能会让对方变本加厉,但如果选择针锋相对,则有可能把事情搞得更僵。那么不妨用反唇相讥的方法,把对方的话返回到他自己身上去,从而为自己争取到主动权。

总之,面对讨厌我们的人,尤其是明明知道对方讨厌自己,我们还必须要和对方打交道的时候,就需要我们对症下药,并逐渐经营好身边复杂的人际关系。

6. 假装没尴尬，继续聊下去

遇到令人尴尬的话题，我们如果稍微变通一下，选择直接忽视它，那么话题必定能继续下去。

在一次《非诚勿扰》节目的录制中，一位男嘉宾突然开始对乐嘉点评起来，他说："我喜欢心理学，也喜欢乐嘉，但不想成为他，因为他太冲动不够淡定。"接着，男嘉宾又在节目现场直接拷问起了乐嘉的情感经历，他问："我一直有个疑问，想问乐嘉老师到底交过几个女朋友？"

当一向以爱情点评师著称的乐嘉被问到这个问题时，顿时尴尬不已。但他却假装没注意到这一点，然后将话题的重点放在了同是心理点评师的黄菡身上，并问男嘉宾："黄菡老师才是研究心理学的，我专攻性格色彩。咱们先讨论一下，你认为我不淡定的疑问是怎样产生的？"

男嘉宾的问题若放在现场谈论，肯定会引起不小的风波，而且乐嘉显然并不想谈及这种私密性的话题。因此，他假装没注意到对方的问题，反而把话题引到一旁的黄菡身上，并将重点放在了关于"淡定"的问题上来。这样不仅能够避免自己的尴尬，还能让话题继续下去，可见乐嘉的应变能力及情商之高。

很多人在与熟悉的亲人、朋友、同事聊天时，从不担心会出现没话可说的尴尬。因为彼此很熟悉，所以聊天的"气场"很好。然而在陌生人或是在自己喜欢的人面前，往往会显得手足无措，不知该说些什么。

事实上，聊天的话题和内容并不是最重要的，重要的是我们说话的思维方式。比如当女友买了件衣服对你说："你肯定猜不到我这件衣服有多划算？"你若是回答："哦，那一定很便宜，有100吗？""呃……其实是200块。"然后，你们之间的话题就可以直接画上句号了。

但如果你故意说得高一点，如：

"嗯……500块？"

"哈哈，就知道你猜不到，才200块。"

"眼光不错哦，哪儿买的？"

……

如此，话题的内容就会被无限延长了。

当我们与不熟悉的人聊天时，可能会因为不知道对方的喜好，导致在谈话过程中出现冷场的现象。这时，不妨回想一下我们与对方的谈话内容，再以其中一个点为由头，从而激起对方的谈话兴致。

顾天凌第一次陪老板出差，由于老板平时非常严肃，所以他半点不敢造次。而老板显然比平时更加放松，时不时地问顾天凌这样那样的问题，但他却因为紧张，回答问题也大多以"是吗""好啊""呵呵"结束，导致两人的谈话一度陷入尴尬的状况。

沉默了好一会儿，顾天凌决定忽视这个尴尬的氛围，继续和老板聊天。他问："老板，您一定去过很多国家吧？"

"没多少，我当初在英国读的书，倒是后来为了开阔眼界，趁着节假日去过不少地方。""真好，我也想到处走走，但现在没什么钱，所以就准备先攒钱了。"

"我那会儿也没什么钱,就是靠打工,攒够了钱就去旅行……"

面对与老板之间的沉默,顾天凌感到异常尴尬、难堪,为了打破这种沉默,他只好忽视眼前的冷场,反过来问老板的一些经历。这样一来,就顺利挑起了老板的话头,从而说起自己当初半工半读的事情。

所以说,高情商的人在面对尴尬的情况时,不仅会听,还会说,并且总有办法让话题继续下去。因此,遭遇尴尬、冷场,换个话题,谈谈对方关心、感兴趣的事物,在无形中给对方一个赞美和肯定,对方往往会在这些话题上跟你进行深入的探讨。

7. 面对"话题终结者"也能聊,才是真强

言先生被他的朋友们戏称为"万年单身狗",因为很少有女孩能和他长时间的聊天。我们来看看他是如何与女孩聊天的。

路过摩天轮,他问女孩:

"想坐摩天轮吗?"

"想。"

"想去就去吧,反正我不想去。"

……

女孩对他说:

"我感冒了。"

"多喝水。"

……

然后，就没有然后了。像他这种，总是让一个话题走向消亡的人，就是所谓的"话题终结者"，往深挖，就是不会顺着对方的意思往下走。生活中总有一些人，一开口就能瞬间让原本热闹的氛围降到冰点，让所有人都失去交谈的欲望。但高情商的人却不会就此让气氛冷下去，而是会把变冷的气氛重新炒热。

（1）面对"呵呵"式话题终结者

喜欢回复"呵呵"的人，是比较常见的话题终结者，这个词甚至一度被网上评为"话题终结者"的神器。不管是怎样令人兴奋的话题，"呵呵"一出，谈话马上就会戛然而止，真可谓"谣言止于智者，聊天止于呵呵"。为破解"呵呵"一词，网上有一些应对方法，如："呵呵呵。"

"口可？喝水去！"

……

各种回复令人大开眼界，差点把"呵呵"给"玩坏了"。高情商的人看不下去，站出来表示："想要破解'呵呵'魔咒，要先了解它在不同语境下代表的不同含义。"

比如当我们与人聊天时，如果我们一直在说，对方却不停地发送"呵呵"，就表示对方不想听我们继续说了。另外，这个词还有"暂停或一时语塞""终止与你交流""和你不熟""讽刺"等含义。这种时候，最好知趣地停下话题，换成对方感兴趣的话题。

（2）面对打断式话题终结者

打断话题，也是话题终结者经常做的事。比如办公室的同事们正在兴致勃勃地讨论最近的租房价格，结果一同事大声说：

"奥巴马又被黑了。"此话一出,估计就没人愿意继续说话了。

面对这种人,高情商的人会选择先弄清楚对方为什么打断自己。比如对方性格强势,喜欢主导话语权,没有耐性;对方认为你对谈论的事情了解得不全面;对方认为他已经完全了解你要表达的意思;对方不同意你表达的意见,想要马上反驳等。

不管哪种原因,都要争取以最短的时间,清楚地向对方传达自己的信息。比如当对方是因为觉得我们对事情了解得不全面而打断我们时,我们可以这样说:"你说的这点我明白。"然后重复对方的观点,表明我们清楚他说什么了,再说:"但是……"表达自己的观点并重新拿回主导权。但如果对方在打断我们之后,确实补充了我们不知道的信息,那肯定是要聆听消化的。

(3)面对查户口式话题终结者

有些人总喜欢以"你有女朋友吗""结婚了吗""工资多少"这类查户口式的方式问别人问题。很多人在遇到这类比较敏感的话题时,都不知该如何接下去,但总有人能巧妙地回答对方的这类问题,如:

"你一个月工资多少?"

"卡里面的钱每个月都用不完。"

"我去,厉害!"

"总有几块零钱取不出来。"

……

(4)面对心不在焉的话题终结者

面对心不在焉的人,我们可以选择关注对方的朋友圈动态,聊聊他最近的生活。如果对方心情不好,就去安慰他;如果对方最近刚看了场电影,就和他分享一下电影的内容。但如果对方从来不发朋友圈,那不妨聊聊两人都玩过的游戏、看过的影片等,找到共同话题。

除此之外,很多话题终结者是由于个人不善交际,再加上性格木讷,导致他并不知道该如何挑起话头,而非故意为之。这就需要我们表现出超强的谈话兴致,即便对方只是以"嗯""哦""是的"这类词语来回复,我们依然要继续说下去,或许对方最终就会被我们的"苦口婆心"所感动,从而与我们交流起来。

总而言之,我们在面对"话题终结者"的时候,一定要找准突破口,只有这样才能挑起对方的谈话兴趣,让谈话氛围越来越好。

8. 拥有童心,才能打开小朋友的心扉

当我们和孩子聊天时,如果是谈论工作或是爱情的话题,对方定然会睁着自己无辜的大眼睛,茫然地看着我们,但如果我们和他们说起《熊出没》《超级飞侠》《喜洋洋与灰太狼》等动画片,他们一定会马上打开话匣子,说个没完没了。

面对小孩子,高情商的人明白,只有投其所好才能找到话题。比如在与小孩聊天时,我们要让自己怀有一颗童心,说一些孩子感兴趣的话题,这样才能打开小朋友的心扉,进而感受到我们的真诚,与我们交流。

面对5岁的小侄儿,顾书娅总有点儿无可奈何。看着可爱

的小家伙，顾书娅很想与他亲近，却总觉得无法沟通。如：

"宝宝，今天在幼儿园听话吗？"

"听话。"

"宝宝，你们中午吃了什么？"

"米饭。"

"宝宝喜欢姑姑吗？"

"喜欢。"

……

这样干巴巴的几句话之后，宝宝就再不愿意说话了，顾书娅也不知道还能和对方说什么。孩子的妈妈可能看出顾书娅的窘迫，告诉她，你应该把自己变得和他一样小，才能和他有共同语言。于是，顾书娅决定改变策略。因此，顾书娅和侄儿的对话变成了这样：

"宝宝，宝宝，我是熊大，你是谁？"

"我是光头强，我在砍树。"

"光头强，不准砍树。"

"我是熊二，保护森林，熊熊有责。"

……

孩子对孩子似乎有着天生的吸引力，因为对小孩子来说，即便他还小，但他同样能分辨出自己的"同类"。下面，我们就来看看高情商的人是如何与孩子聊天的。

（1）问"小"不问"大"

与大人不同，孩子很难理解抽象的问题，比如像"你今天在学校过得如何？""你今天在学校做了什么？"这类问题，孩子就很难回答。因此，想要顺利和小孩进行交流，可以问一些简单的问题,这就需要我们从"小"处入手。

我们可以问:"你今天在学校上了哪些课?"当孩子回答汉语、音乐、自然的时候,我们就可以接着问:"喔!那汉语课今天教了什么?"孩子就会接着回答:"写汉字,有土、田、禾……"然后我们就可以借机了解他今天做了些什么,并继续交流下去。

(2)从别人的事谈起

问别人的事,是一个很好的聊天方法。比方说,一般孩子会告诉我们班上谁吃饭吃得最慢、谁最常被罚、谁功课最棒、谁今天又打了谁等。我们可以用孩子身边的伙伴为话题点,和对方聊天。

(3)不要"否定"要"同理"

很多大人都会否定孩子的感受,小孩告诉我们:"自然课无聊死了。"不少人都会接一句:"自然课不无聊啊。像天气、气象是一件很有趣的事情……"这时,孩子就不愿意再与我们交流了。

较好的回答方式是:"喔,自然课很无聊啊,你可以告诉我是什么让你觉得很无聊吗?"用这种保持中立的语调,以一颗同理心去感受孩子的感受,往往可以让我们知道孩子的更多想法。

(4)注意自己的肢体语言

孩子对肢体语言很敏感,比如我们一边跟别人谈话一边"嗯""啊""哦"地敷衍他;或者眼睛一边盯着计算机一边听他说话,孩子都能很快发现。所以,适当的肢体语言,会让孩子觉得自己被重视,比如尽量以平视的目光注视孩子。

除此之外，我们还可以通过以下几个问题来打开孩子的话匣子。

（1）"你几岁？"

这个问题虽然听起来很普通，但很多小朋友很喜欢这个问题，因为当他们说出自己年龄时，都会有种莫名的骄傲感。如：

"宝宝几岁啦？"

"我5岁！"

"5岁啊，我记得我5岁时超爱唱歌的。"

"我也喜欢唱歌……"

（2）"你最喜欢什么颜色？"

问孩子喜欢的颜色，总能找到话题的延伸点。如：

"我发现你的小裙子是粉红色的，你喜欢粉红色吗？"

"喜欢，但我更喜欢蓝色。"

"像大海一样的蓝色吗？"

"嗯，大海里有胖头鱼……"

还可以问他附近熟悉的环境，比如："你有去过附近的餐厅吗？"如果小孩正沉迷于某本故事书，我们还可以问："你最喜欢哪一本书？"

想要成功和孩子对话，最重要的就是先把自己的腰弯下去，拥有一颗孩子般的童心，这样才能让孩子觉得你是他的同伴，如此，孩子才会愿意打开心扉，和我们说话。

9. 恰当的措辞，让你成功和"火星人"对话

生活中，我们总能遇到一些"鸡同鸭讲"的对话，这让聊天的双方都感到无比痛苦。如："以前有场淝水之战。"

"讲的是我和我的脂肪之间的战争吗？"

"一方姓谢，另一方叫苻坚。"

"哦，富坚义博，就是那个被称为'拖稿老贼'的漫画家嘛。"

……

聊天话题不在同一个平台上，总会给人一种和"火星人"对话的错觉，怎么说都对不上号。但事实上，对高情商的人来说，只要措辞恰当，即便真的是"火星人"，我们也能成功与之对话。

在杨澜主持的《天下女人》中，有一期请来了一位个性才女，名叫刘索拉。她不仅是一位优秀的音乐家、作曲家，还被视为中国真正的"现实派"作家。想要与这样一位脑洞大开、思想另类的才女交流，不少人心里都会犯怵，因为不知道该跟对方说些什么，更怕听不懂对方的"专业术语"。那么，杨澜是怎么跟这位才女实现无障碍沟通的呢？

当说到音乐话题时，刘索拉说："中国不是有一阵狂录音嘛，于是出现了第一批'棚虫'，我那时也是一只'棚虫'，所以那段时间写了很多电影音乐。"

杨澜："'棚虫'？第一批'棚虫'？"

"'棚虫'就是整天在录音棚里待着,做唱片,还扒唱片的人,那时候还要扒唱片。"

"什么叫扒唱片?"

"扒唱片就是把国外的流行音乐扒成中国的,翻成中国词,就是把人、音乐和歌词分开。我扒过一张美国唱片,那是一张早期的美国唱片,因为不懂英文就只听声,听着音乐感觉有什么词出来,我就把相应的旧歌词换成我想到的新歌词。但我要把音乐全部扒下来,扒完这个再填词,填完词崔健唱。"

"哪首歌是崔健唱的?"

"那是很早的一首歌了,那时候他还没唱那个《一无所有》。"

"《一无所有》是很早了。"

……

之后,刘索拉和杨澜又接着崔健和以前的音乐等话题聊得兴致勃勃。在这种热闹融洽的谈话氛围中,两个人的心灵距离也越来越近了。

杨澜之所以能成功和各式各样的人聊天,很大一部分原因就是她能根据不同的人来调整自己的措辞,并快速给予对方亲切感和共鸣感。就像在和刘索拉的对话中,她就一直提及对方熟悉的"棚虫""扒唱片"等词汇。让对方觉得她对此有所了解和认同,从而愿意继续聊下去。

由此我们可以知道,针对不同的人选择不同的语言词汇,是一种很重要的聊天技巧。比如对方喜欢率直,就说直白的话;对方喜欢婉转,就说平和的话;对方喜欢琐事,就说浅显的话;对方崇尚学问,就说高深的话……

如果我们的说话方式能与聊天者的个性相符,那么彼此的话题就能一拍即合。正如《鬼谷子·权》中提到的"见人说法",其实就是在告诉我们,见什么人说什么话,到什么山头唱什么歌。

再加上每个人的处境不同,所追求的利益和担忧的地方也不尽相同。只要我们在与对方沟通的时候,能准确找到对方的兴奋点和激励点,就能成功与之对话了。另外,要想在聊天时找到恰当的词汇,我们还需要注意以下几点:

(1) 识别对方的感官用词

有的人总有一些自己比较偏好的感官词语。比如一个人在对话中如果经常出现"看上去""观点"等词汇,那我们就可以基本确定对方的感官更倾向于视觉型。如此一来,我们就可以在与对方的对话中,多使用一些类似于"看上去"等的视觉性词汇,这样可以让对方觉得我们的措辞很顺耳,从而愿意与我们说话。

(2) 模仿对方的习惯用语

习惯用语就是我们常说的"口头禅",像"无所谓""太棒了""很酷"等,都是很多人会使用的习惯用语。如果我们可以在交流中主动使用这些词汇,将会在很大程度上给予对方亲切的感觉,认为彼此的观念、性格、生活方式等比较相近,有共同语言。

(3) 重复对方的语言词汇

一般情况下,使用对方所说的相关词汇,是一种对对方表示极大支持和肯定的表现,能让对方感到亲切。因此,在聊天过程中,对方刚刚说过的某个术语、俚语、口头语之类的词汇,我们可以马上把它用在自己要说的话中。

(4) 措辞要简明扼要

很多人在叙述某件事时,总是喜欢使用大量的形容词、倒装句、歇后语等来修饰自己的语句,以卖弄自己的才华,殊不知,这样的话可能比对方的"火星语"更难理解,也很容易让对方摸不着头脑,给人不知所云的感觉。所以,我们在措辞中要注意把握话题重点,简明扼要,这样才能提升自己的语言影响力。

总而言之,与人交谈,即便我们能准确理解对方的意思,但不能精准地表达出来,那么双方的话题同样无法继续下去。因此,恰当的措辞能够丰富谈话的内容,所以只要能选择恰当的措辞,即便我们不是学富五车,也同样可以和对方谈天说地。

10. 有"梗"时,不妨顺着话茬往下接

生活中,我们经常会被别人抛出的玩笑弄得不知所措,有些属于朋友间的相互调侃,有些则是心怀鬼胎的人暗地找茬或讽刺。其实无论哪种情况,要想不冷场,那不妨顺着对方的话茬往下接。

在歌手满江的新歌发布会上,主持人汪涵特地手捧一把大麦送上台,祝贺道:"祝你专辑能够大卖(大麦)。"

有好友见状,故意设"梗",说:"咦,你这好像是水稻哎。"

汪涵顺势回复说:"那更好啊,水到(水稻)渠成嘛!"

汪涵的顺势而为，稳稳当当地接住了对方抛出的"梗"，这正是说话的精妙之处。在人际交往中，只要有"梗"，高情商的人都知道：立马翻脸认输或是争辩较真，是非常低能的办法，而顺着对方的话茬往下接，才是高明的方法。

高明的招数能够让彼此间的气氛迅速升温，低能的招数却只会令双方陷入尴尬，并且以后都不敢再与我们开玩笑。而对于那些不怀好意的人来说，高明的招数不仅可以实现见招拆招，而且有时候还能"反咬一口"。低能的招数则意味着对方的奸计得逞，我们不战而败。

那么，我们要怎样才能接住他人抛来的"梗"呢？我们来看看高情商的人是怎么做的：

（1）顺势发挥

在一次节目中，姜洋、张婷唱完《日出》后，有粉丝上台给主持人孟非送花，他顺势说："现在终于有人送花给孟非了，这太感人了，始料不及的事情发生了！我在这个舞台上这么多年，从来都没有人想起来送花给主持人！感动啊！"

当陈超尉和胡雯娟唱完《威廉古堡》后，观众又上来送花，胡雯娟得到一大把，而孟非得到一枝花，孟非又说："看看胡雯娟抱的那一大堆，再看我的那一小朵，同是一个舞台，差距怎么就这么大呢？"

然后，当孟非再一次收到花时，又顺着之前的"梗"说："虽然我收到的花的规模是越来越小，但情意仍在！滴水之恩当涌泉相报，投我以木桃，报之以琼瑶！待会儿不管你愿不愿意，我都要给你签个名！"

孟非反应机敏，这一手"见招拆招""玩冷幽默"可谓熟练又自然，深厚的文学底蕴更是发挥到了极致。

（2）该反击时就反击

这天，丁以晗正在用公司的扫描仪扫描多年前的老照片。同事们看到后，纷纷围上去凑热闹，自是一番说说笑笑。

这时，一同事拿起一张小小的丁以晗手捧奖杯站在领奖台上的照片，问她是什么时候拍的。她不好意思地说："哦，这个是初中的一次知识竞赛，我拿了特等奖。"

"想不到以晗你小时候还是才女嘛。"

"你以前就那么聪明啊。"

"学霸啊，真好。我以前就是个学渣。"

……

当大家七嘴八舌地和丁以晗开玩笑时，身边却传来一个不太和谐的声音："切，小时了了，大未必佳。意思就是说一般小时候聪明的人，长大后都聪明不到哪儿去。"此话一出，大家都安静了。

但丁以晗却不见羞恼地走到对方身边，轻声说："这么看来，你小时候一定比我聪明很多倍呢！"说完便拿着照片扬长而去。

当别人设的"梗"带有一定侮辱性质，并且明显是在刻意刁难我们的时候，为避免让别人觉得我们软弱可欺，不妨顺着对方的话说，并在适当的时候反击，让对方"自讨苦吃"。

（3）把球踢回去

生活中，总有些尴尬的局面，是由别人不善的玩笑引起的，如果我们一味地隐忍退让，很可能会让对方看扁，甚至把我们当软柿子捏，但如果我们选择针锋相对，又会把事情搞得更僵。

因此，当对方抛出的"梗"角度很刁钻，我们无论回答肯定还是否定，都可能再次被对方抓住话柄时，不妨放弃正面回答的方式，选择将问题再抛给对方。这样不仅可以将对方一军，还能把烫手的山芋再扔回去。

总而言之，对于他人抛来的"梗"，我们选择接住要好于选择躲避。因为接住了对方的"梗"，我们就能顺着对方的话往下说，见招拆招，把不利于自己的言论化为无形。

第八章

可以无知但不能无趣，让自己变得有趣起来

1. 当你开始自黑的时候

生活中，我们经常用"自信""自卑""自负""自黑"等词汇来概括总结自己，但这个"自黑"具体是什么呢？当一个人开始"自黑"的时候，是代表他正在进行自我贬损、批评吗？都不是，那只是高情商的人的一种社交手段而已。

唐圆圆的名字确实名副其实，整个人都是圆滚滚的，像个球体。她和闺蜜站在一起，总是这个说那个脸大，那个说这个肉多，"黑"起对方时，愣是让两个明明看起来腼腆内敛的小姑娘显得格外欢快又活泼。

除了"黑"对方，唐圆圆还善于"自黑"。像什么"我脸大是为了更好地沐浴阳光""我祈求上帝让我发达，但它却一直让我发福""我胖，是因为我心里藏着很多秘密，所以不好'瘦'"……

由于她的"自黑"行为，大家渐渐觉得她的性格率真随性，再加上她平时也不怕和别人开玩笑，朋友自然越来越多。

英国著名学者托马斯·富勒曾说过："先嘲笑自己的人，不会被别人嘲笑。"当一个人开始"自黑"时，就可以在别人嘲笑之前先"堵住别人的嘴"，从而达到缓解尴尬的作用。比如当我们摔倒后,可以选择先问问别人:"我屁股成两瓣了吗?"这样就可能会让别人对我们的印象发生改变,使人感觉我们很有幽默感、有亲和力。

同时,我们还可以说"自黑"是一种"先发制人"的说话之道,把出丑的瞬间转化成展现自己幽默口才的机会,从而赢得别人的肯定,这就是先笑自己的真正含义。

有个小故事:古代有个石学士骑驴不慎摔在地上。若是别人,定然不知所措,他却不慌不忙地站起来说:"亏我是'石'学士,要是'瓦'的,岂不摔成碎片了?"一句妙语,让在场的人哈哈大笑,同时也让他在笑声中免去了难堪。

所以说,出丑的瞬间不可怕,可怕的是我们不会正确地处理出丑。有的人一遇到这种情况,只会红着脸躲到角落里,觉得大家会渐渐忽略这样的事情,却不知这样的做法只会给人一种逃避的形象,从而增加笑料罢了。因此,我们要善于用自己的口才处理尴尬的瞬间,用自己的豁达和机敏赢得别人的好感。

马云就是一名非常懂得拿自己的长相"说事儿"的企业家,用他的话说,就是自己深知自己"丑陋",所以从不遮遮掩掩。比如在首届中国创业者论坛上,他就自黑说:"首先,说我'瘦马'的有,说我'骏马'的很少,说我'俊',说明你的眼光真的很不一样。"

另外,马云在演讲时还非常喜欢"抖料",比如他说:"我考高中失败两次,考大学复读了3年。毕业后参加过30多次面试,被拒30多次。去肯德基应聘,24个人收下了23个,我是唯一被拒的。去考警察,5个人招4个,我又是唯一被拒的。

后来，我向哈佛大学递交过 10 次入学申请，每次都毫无例外地被拒绝……"

看着马云的自黑，有人还评论说："别人是天生丽质，他是天生励志。"因此，"自黑"也可以说是一种"自信"，就像学霸经常说自己"很弱"一样。因为自我价值感、自我效能感充足，所以他们不介意自黑。因为他们有信心，并且他们不介意用这种自黑的方式，来"取悦"一下身边的人。

另外，自黑还能给自己减少许多不必要的麻烦。有好多明星不就是依靠耍宝自黑，才顺利开启了事业第二春吗？还有很多成功的演讲者，就是常常巧妙地拿自己"开涮"，才拉近了自己与听众的距离，进而调动起现场气氛，为自己的演说博得"满堂彩"。

比如美国神经科学家吉尔·泰勒在一场 18 分钟的演讲中，详细陈述了自己在左脑中风后右脑开悟的神奇经历。她说："我意识到'天啊！我中风了！我中风了'，第一反应是'哇！这太酷了！有几位神经学家有机会研究自己的大脑啊'！""紧接着，我的脑袋里又蹦出来一个念头：'可我那么忙，哪有时间中风！'"

泰勒对自己中风那一刻情形的描述，不仅引得观众哈哈大笑，还精准地掐断了那些充满攻击性的言辞。她知道，像那些喜欢捅别人刀子、取笑别人缺点的人，若是发现你很在乎这件事或害怕被嘲笑，那么他们将骂得越起劲，说得也会越难听，但如果你能抢先一步，把自己黑个透底还无所畏惧时，这些人就无法伤害你。

正因为如此,高情商的人才会身怀"自黑绝技",在身边开辟出一种分外有趣的社交氛围。因为自身气场足够强大,所以当他们愿意放下身段自黑的时候,反而会赢得一大片好评。

2. 搞笑的自我介绍让人印象深刻

"大家好,我叫张某某,今年该多少岁就多少岁。个子不高不矮,体重不胖不瘦,性子不温不热,性别不男不女,哦,应该是女的吧!我这人很低调,你什么时候听见我讲以前的那些辉煌事迹了?我的爱好是思考理想,我的理想是成为一位哲学家,而哲学是我的特长,我的特长也是我爱好!总结:好女人是我,我是张某某!此处应有掌声。"

据说,当这段自我介绍问世后,就以最快的速度被人们转发并模仿。一时间,大街上全是"好女人(男人)就是我,我是某某某"式的自我介绍。之所以会这样,就是因为这种搞笑式的自我介绍能够让人印象深刻。

谭飞是名个子不高、戴着眼镜的电视节目主持人,他向大家介绍自己时,是这样说的:"单看咱这形象,不如其他人在电视中那么闪闪发亮,眼不大还有点近视,但这丝毫不影响我的睿智与远见;耳朵虽小,更提醒我要耐心倾听观众的心声;嘴巴也不气派,正说明我不夸夸其谈,唢呐和号角的孔都不大,但同样能怒吼与呐喊;个子虽然矮小了点,可潘长江先生说过:'浓缩的都是精品。'有人说:'缺点在一定条件下也会成为优点.'这话难免有些夸张,但'缺点在一定条件下会成为特色'则是毋庸置疑的。"

在短暂的自我介绍中,如果我们能像谭飞一样,把自己的基本信息夹带着幽默的语气传达给对方,定能给他人留下深刻的印象。

当然,如果我们把这种幽默的语言说得拖泥带水,大家照样听过就忘,所以,我们要把自己的特点突显出来。

比如一个名叫 KK 的文字编辑在自我介绍时这样说:"你好,我是文字编辑 KK,你也可以叫我 Double K,就像 007 那样——Double O Seven。之所以叫 KK 是因为 K 在扑克牌中是 13 的意思,也就是数字上最大的一个,而我非常喜欢玩扑克牌,希望有机会和大家一起切磋。补充一句,文字编辑你可能没听说过,不过出版社你一定知道,对,是出书的那个出版社,不是出报纸的那个,重复一遍,我是文字编辑 KK,请多多关照。"

这样的自我介绍别人肯定也记不全,但至少能知道"我"的名字和扑克牌有关,是一名和出版社有关的文字编辑。再不济,也能记住扑克牌、出版社。即便别人一时半会儿想不起"我"的名字,也会因为这两种熟悉的东西,把"我"和这两种东西关联起来。但如果"我"这样介绍自己:"你好,我叫 KK,是名文字编辑。"那么不出 2 分钟,也许别人就会把这个名字忘了。

另外,自我介绍的关键,是要给别人留个好印象。因为它会让别人对我们有一个基本的认识,并成为以后交往的依据。

王彬岳在一次聚会上做自我介绍,他这样说:"我来自云南,云南是阿诗玛的故乡,是个佳丽辈出的地方。当然我不是佳丽,这不怨我,是我妈把我生成这样的。"在场的人当时都被逗笑了,他又接着说:"你们别笑,那是次要的,最关键的是,你们都知道云南产大理石吧,你们一看我的长相就该猜得八九不离十了,我从内到外都透着大理石的朴实和刚强。"

这次自我介绍,让在场的大多数人都记住了王彬岳,并且大家在说起他时,都会带着欣赏地语气说:"那个小伙子不错。"

这种独特而简短的自我介绍最招人喜欢,不仅能让对方牢牢地记住自己,而且记住的还是非常正面的形象。

另外,我们在做自我介绍的时候,切忌用背诵的语气,并且一定要记得微笑。试想一下,如果我们一直木着脸,就是再幽默的句子,也无法达到预期的效果。

除了要注意表情之外,还要注意我们的表达方式。像那种啰里啰唆的自我介绍,即便说一大堆,到最后别人也不一定知道我们到底是谁,有什么兴趣爱好和特长。因此,我们要学会有技巧地把自己的爱好、特长等安插在一些我们准备的幽默片段里。

比如一个长相一般的女孩在自我介绍时说:"每个女人都是为爱而折翼的天使,我也是,不过降落的时候不小心脸先着地了。还好,我还有一颗天使的心,善良、仁爱。"简单的一句话,就让大家了解她的性格特点。

我们还可以适当地引用一些别人的言论,或是朋友、老师对我们的一些评价,这样便于让大家加深对我们的印象,但要尽量少用虚词和感叹词等，也要避免自吹自擂，以免让别人产生厌恶的心理。

最后，我们可以用自己的肢体语言来表示我们的友好。因为有时候别人在听我们的自我介绍时，不一定会特别关注我们在说什么，但我们的外在表现，则会很快传达给对方好或不好的印象。

3. 勇于分享自己的糗事

糗事就是那些让自己非常丢面子的事，比如女生误入男厕所、跳舞的时候裤线忽然崩开、没注意一脚踩进水坑……当时那份糗糗的心情简直叫人欲哭无泪，事后想起来还觉得尴尬不已。但一些高情商的人却会在与人聊天时，把自己的一些糗事当成笑话讲出来，供大家乐乐。

一个身材很胖的女孩去参加宴会，她的体型引起了周围人的笑声，更有不怀好意的人故意说："妞，你都长成这样了还不减肥啊？"

这个聪明的女孩听后，就笑着说起自己减肥的糗事："我当初为了减肥还特意找过医生，医生说：'你早上一颗水煮蛋，中午一个馒头，晚上半个馒头就好了。'然后我就问医生：'我是饭前吃还是饭后吃？'结果医生就直接让我气走了。"

女孩的话不仅惹得大家哈哈大笑，还让他们觉得："这个女孩心态真好，大气。"

分享自己的糗事，是一个人幽默的最高层次。很多人都会通过这种方式来增添情趣，尤其在一些交际场合，恰当地运用这种方式，可以增添乐趣，融洽气氛，增进彼此的了解和友谊。

相比成年后的糗事，大家更喜欢拿儿时的糗事出来聊。比如在 2017 年 5 月 30 日江西卫视播放的《家庭幽默录像》中，聊起童年那些令人难忘的尴尬糗事，嘉宾和现场观众们都像竹筒倒豆子一样，停都停不下来。

像什么"在幼儿园午睡，睡不着发现旁边有一根毛线就扯着玩，午睡完发现旁边小朋友的毛裤少了一边腿。""小时候老师总要求家长在试卷上签字，有次我没考好，就从之前的试卷上，把签名给剪了下来贴到试卷上，结果第二天就被叫了家长"……

在一期《非诚勿扰》的录制现场，"铁三角"孟非、乐嘉、黄菡三位老师齐爆各自儿时的糗事，各种异想天开的趣事令人啼笑皆非。

当时孟非绘声绘色地回忆道："小时候一生病就用体温计测体温。我看到蒸饭的电饭煲有个眼儿冒热气，就想看看温度多高。插进去，啪，炸了！"

乐嘉老师的爆料更是无厘头，他说："我 6 岁的时候把一只鸡和一只鸭关在一起，想看看它们能生出什么来。"

接着，黄菡老师说："我小时候一直认为杏仁能生出小鸡来。"

三人的种种糗事经历，引起了场上女嘉宾们回忆儿时趣事的热潮，全场更是欢笑不断。

生活中，勇于分享自己糗事的人，总能给大家带来许多欢乐。除此之外，它还能帮助我们摆脱因为失误而陷入的窘境，同时消释误会，抹去苦恼。

所以说，当那些糗事被自己笑着说出来了，别人就不能再拿它怎么样了。正如有心理专家讲过："人生所有的困惑和情绪都来自'不能接受、不能面对、不能放下'。把那些已经发生过的糗事、难堪的事、尴尬的事、令人伤自尊的事，或者是别人造谣生事、无中生有的事，笑着说出来，坦然地接受、面对、放下，才是高手的化解之道。"

因此，那些勇于分享自己糗事的人，才能成为高情商者中的"无冕之王"。下面我们就来看看，这种说话方式究竟会为我们的人际交往带来怎样的效果：

（1）化解尴尬

当我们在生活中碰到一些尴尬的事情时，可以巧妙地运用自己的糗事，以委婉暗示的方法，告诉对方自己心中的意思。这样不仅可以帮自己解围，还能让周围的环境氛围更加轻松。

（2）让我们更加坦诚、直率

敢于分享自己糗事的人，往往都敢于撕破自己的面子，从而毫无顾忌地"亮丑"。因为只有坦诚的人，才敢直面自己"丑"的一面，而这种真诚与直率，也让我们在他人面前充满人格魅力。

（3）为我们增添生活的乐趣

很多名人整天嘻嘻哈哈，常拿自己打趣，表现出一种乐观的精神。因此，分享自己的糗事，可以为我们的生活增添乐趣。

总而言之，勇于分享自己糗事的人，不仅体现出一种豁达、乐观的品质，还体现出一种勇于面对生活逆境的、积极乐观的态度。如果我们能在人际交往中，熟练使用这种方式来调节气氛，必然会大受欢迎。

4. 用比喻来烘托气氛

在聊天的过程中，善用比喻，更容易激发对方的情感。比如我们在赞扬一个女孩的笑容时，比起"你的笑容很美"，肯定是"你的笑容像太阳一样"更容易让对方感到愉快。

比喻可以称得上是语言中的魔法棒，它能生动地把抽象的道理具体化，把概念的东西形象化。巧妙地运用恰当幽默的比喻，可以化解尴尬、调节气氛，为我们的人际交往加分。所以，掌握一些妙用比喻的技巧非常重要。

比喻的修辞手法，经常被人们称为"使语言变得更加华丽的'添加剂'"。如果我们能在生活中善用比喻，一定能制造出更好的沟通效果。

比如我们的同事在条件非常有限的情况下，出色地完成了任务，成功击败了资源丰厚的竞争对手。我们说一句："你做得太好了！"肯定比不上这样一句比喻："你开牛车居然把人家法拉利甩了一圈还不止，真牛！"

除此之外，比喻还可以化解尴尬，或者把一些难以启齿的事情，通过比喻表达出来。

美国英特尔公司总裁兼首席行政执行官安迪·格鲁夫在一次报告中说："如临深渊、如履薄冰，这就是我现在的心态。所以当自己还是一匹马时，不要将自己摆成骆驼的模样。骆驼不光是体积大，还要过沙漠要负重的。别人是一头驴，你是一匹马，你说你比别人有多大优势，驴当然不服，叫起来比马声音还大。"说完后，现场哄然大笑。

在这里，格鲁夫就是用"骆驼""马""驴子"分别比喻三种拥有不同规模的企业，作为马"不要将自己摆成骆驼的模样"，是对企业自身定位的比喻；也不必嘲笑"驴子"，因为"驴子叫起来比马声音还大"，它会做广告，会宣传。

马、驴子、骆驼，都是人们熟悉或知道的动物，安迪·格鲁夫以这些动物为喻体，来比喻企业规模和企业之间的优势、规模大小等各自的特点，让员工以更轻松幽默的心情接受了自己的思想。

法国演讲家雷曼麦说过："用风趣、幽默的方式说出严肃的真理，比直截了当地提出更容易让人接受。"这不仅是一种巧妙的艺术的表达方式，还是一种让他人和自己都能保有尊严的表达方法。因此，当我们很想表达一种内心的强烈愿望，但又不便直言快语时，不妨借助于比喻。

但在运用比喻时，我们要注意一点：即掌握好本体和喻体之间的相像度，不能毫无关联就开始比喻，这样不仅不会增加话题的幽默性，还会贻笑大方。

因此，我们在说话时要多注意周围的事物有什么相似之处，在与别人聊天时说出"今天的股票就像是绑了绳子蹦极一样"

"今天怎么好像睡神附体一样困"类似这样的句子。让对方感受到跟我们聊天的幽默感,自然就会愿意与我们聊天了。

5. 做个会讲故事的高手

有人说:"学会讲故事,等于学会了80%的聊天技巧。"比如一个高情商的人准备向另一个人介绍自己的狗时,他可能会这样说:

"你喜欢狗吗?"

"挺喜欢的。"

"是啊,它们很可爱对不对?我养了一只叫卡卡的哈士奇,它……"下面就可以通过讲述自家狗狗的日常故事,让双方的聊天继续下去。

但如果对方直接回答"不喜欢",高情商的人同样可以聪明地把话题继续下去。比如问:"有什么特殊原因吗?"或者问:"那其他宠物呢?比如猫或者兔子?"这样就可以引导对方说出相关的故事,进而顺利开启一个新的话题。

与人聊天时,讲故事需要几点技巧,下面我们来看一下:

(1)以一个好的开头牵引

一个好的牵引句,可以把对方的注意力集中过来。比如在社交场合中,可以用"也许这个故事你们也曾碰到过"开头;在正式讲座中,可以用"我将要讲的这个故事可能会改变你的一生"开头;在轻松的话题氛围中,则可以说:"我准备告诉你我活这么大遇到的最糟的事情。"

好的牵引句,不仅要让对方知道自己能从中获得什么,最好还要卖一些关子,给对方制造出一定的好奇感和期待感。

(2)有一个主人公

每个故事都会有一个主人公,这个主人公最好是我们自己,即便不是自己,也要站在一个亲临现场的角度讲述这件事。这样可以让对方感受到我们真挚的情绪,也会让我们的故事更具吸引力。

下面我们来比较一下这两种语言对话。

第一种:"我很喜欢骑自行车。当你脚踏着自行车穿越乡村的时候,你可以看到所有的树叶在每年的这个时候开始变色,你可以在一些可爱的店铺前面停下来,然后可以结识一些有趣的人。"

第二种:"我很喜欢骑自行车。我脚踏着自行车穿越乡村,树叶开始变色,我感到很快乐。我在一些小店前面停下来,我觉得这些店铺很可爱,在那里我还可以结识一些有趣的人。"

比较后我们会发现,第二种句式明显比第一种句式讲述得更清楚。因为它有一个一致的人物贯穿始终,所以更容易把听众带入某种情景,也更容易引导对方。

苹果公司联合创办人乔布斯在一所大学做演讲时,曾穿插着为听众讲了这样一个故事:"……幸运的是,我在很小的时候就发现自己喜欢做什么。我在20岁时和沃兹在我父母的车库里办起了苹果公司(语气平静,传达出一种创业的艰辛和拼搏的精神)。我们干得很卖力,十年后,苹果公司就发展成为一个市值20亿美元，拥有4000多名员工的大企业。而在此之前的一年，我们刚推出了我们的Macintosh电脑，当时我刚过而立之年。可后来，我被解雇了（语气低沉）。"

"怎么会被自己办的公司解雇呢？是这样，随着苹果公司越做越大，我们聘请了一位我认为非常有才华的人与我一起管理公司。在开始的一年多里，一切都很顺利。可是，随后我俩对公司前景的看法开始出现分歧（语速加快），最后我俩反目了（表情严肃）。这时，董事会站在了他那一边（一副很无奈的样子）。所以在30岁那年，我离开了公司，而且这件事闹得满城风雨。我成年后的整个生活重心都没有了，这使我心力交瘁（低沉持重）……"

像这种具有第一人称的主人公故事，并且故事内容张弛有度，在抑扬顿挫、轻重缓急中体现出了语言的节奏，这才能更好地打动听众的心。

（3）描述故事背景

在描述故事的背景时，尽量将其保持到最低限度。比如说某个故事的背景是"我走在田间的小路上"，那么我们就不需要再加上"我是在某个星期六的下午，在北京郊区某地的一段田间小路上"等等。过多的内容会让故事包含太多的信息，进而导致故事的内容显得杂乱无章。

（4）把握故事的重点

讲故事的要点其实并不是"故事"，而是故事之外的话语。通过生动有趣的故事可以让我们把想说的话表达得更清楚，让对方更加切身地了解我们的意思。

乐嘉在福州为自己的性格色彩心理学做宣传时,就为现场观众讲了这样一个故事:

有一对男女,吵了一辈子架,孩子成家后,他们终于离婚了。两人在一起吃最后一顿饭,上了一份烧鸡腿,老先生夹了一个鸡腿给老太太,老太太生气地说:"我最恨吃鸡腿了!"老先生说:"天啊,我最喜欢吃的就是鸡腿。"

当时,乐嘉一会儿学老先生说话,一会儿学老太太说话,让现场笑声不断。

最后,乐嘉说:"这个故事告诉我们,要用对方喜欢的方式去爱他(她),给他(她)喜欢的,而不是自己喜欢的。"

故事的内容是否精彩,在于讲故事的人能否摆脱公式化的束缚。一旦没有了这种逻辑上的顾虑,自然也就没有了在用材使材上的犹豫,那种谈吐之间感情的自然流露,更像是一场他自己的演出,才让他的语言更加生动和吸引人。

另外,像一些很枯燥的话,就可以用讲故事的方法来代替,避免"讲大道理"让对方不耐烦。用简单有哲理的故事让对方去思考,这样不仅能给对方留下余地,还能让对方更深刻地理解道理。

瑞典翻译家罗德就曾告诉读者:"莫言非常了不起,因为他很会讲故事。"而莫言在瑞典文学院发表的获奖演讲就叫作"讲故事的人"。有瑞典评论人士称:"莫言的特点不是语言难,而是太会讲故事,这也正是他大受欢迎的原因。"在莫言的小说里,我们看不到说教的成分,他只是把一个个故事讲给我们,让我们去感受。

总而言之，讲故事，就是让我们把话说得更生动有趣。故事往往有着很强的吸引力，这样就让听者的目光聚集过来，认真地听我们说话，进而与我们侃侃而谈。

6. 运用丰富的肢体语言

肢体语言是身体各个部分为表达自己的观点，而配合做出的各种动作。只有文字、语调、肢体动作等各个部分完美地配合，才能产生最佳的语言效果。

比如当我们只看到"这是 100 万元"的文字，就很难理解这句话的意思，更无法对它做出正确的判断。但若是对方用吃惊的表情和语调说这句话时，我们就会有一种很突然的感觉。如果对方握紧双拳，再加上愤怒的表情和语调，我们就会产生一种不可思议、大祸临头的感觉。所以，肢体语言可以有效地丰富单纯的文字交流所带来的局限性。

加拿大裔美籍演员金·凯瑞，在好莱坞被誉为"好莱坞喜剧天王"。他就是以夸张的动作和表情表演见长，从而为广大观众塑造了 大批印象深刻的喜剧人物。

比如在金·凯瑞主演的小成本影片《神探飞机头》中，由于金·凯瑞风格独特的表演，在影片推出后引起了巨大的反响，票房收入更是达到 7000 万美元，成为当时美国上半年最为卖座的一部电影。

事实上，就剧本而言，这部影片的故事非常平淡无奇，人物关系更是简单到不行。但金·凯瑞那丰富异常的表情变化、夸张可笑的肢体动作和天马行空、随心所欲而又出人意料的表演风格，却令观众们大感新奇。

无论是面部表情还是肢体语言，都能够更好地将我们所说的话传递给对方，尤其是手势，在人际交往中更是有着广泛的应用。因为手势除了能够充分增强我们的语言表现力和感染力之外，它还能在语言不通的情况下，传递很多信息。

一位县委书记在针对廉政建设问题发表演说时，允许听众以小纸条的方式向他提问题。一位听众写着："尊敬的县委书记，你能问心无愧地说，你从未接受过别人的好处吗？"这位县委书记当众宣读了这张纸条，然后坦然地说："我可以问心无愧地说，我从未接受过别人的金钱、实物和宴请。"他举起右手，做出对天发誓状。"至于说是否接受过好处，我接受过，那就是人民给予了我权力、荣誉和责任。我将以身作则，慎重地运用好人民赋予我的权力。否则，我无颜面对全县的父老乡亲。"话刚说完，台下掌声如雷。

这位县委书记就是用他的手势，向听众表达他心底的无私、光明磊落的品行，使听众受到鼓舞、感染，从而使演讲获得了巨大的成功。

可见，得体的手势传达了当事人一种美好的意愿，从而能获得听众的信任。运用手势时一定要得体、自然、恰如其分，比如高情商的人在和客户、朋友一起去吃饭时，会习惯性把自己的右手掌心向上，向对方表示"有请"的意思，这不仅是一种礼貌的做法，也表达了对对方的尊重。

再比如，当别人针对我们的某个创意提出了自己的看法，如果他的看法可行，那么高情商的人就会在表示赞同的同时，竖起自己的大拇指。这不仅能让对方获得成就感，还能加深对我们的好感。

由此可见，准确适度地运用手势，既可以传递思想，又可以表达感情，还可以增加有声语言的说服力和感染力。但是，在不同的国家，由于历史传统及文化背景等不同，手势的含义也有所不同，甚至意义相反。

比如美国人有时将头仰起，一只手的手心向下，四指弯曲，以食指横在喉头前，指自己吃饱了，再吃就吃不消了；而在中国，这一动作却有"杀头"的意思。

再如，大家熟知的"O"形手势在英语世界里是"OK"的意思，有着"高兴""佩服""顺利"等含义，但在法语世界中却代表"零"或"没有"，到了日本、东南亚一些国家则代表"金钱"的意思，而在巴西竟然代表"肛门"。试想一下，当我们要称赞一位巴西人时却使用了"O"型手势，会有什么样的结果？

因此，我们在使用肢体语言时，还必须要学会避免使用一些手势禁忌，如边讲话边打响指、一边说话一边抓耳挠腮、对他人指指点点等，不仅会被视为没有素质、没有礼貌，而且极易招致反感，甚至引发不必要的麻烦。

7. 抢在别人笑你之前笑自己

媒体评论人、出版人梁宏达说："我什么都好，就脾气不好；我什么都不强，就原则性强！"

主持人周群说："原谅我在美女如云的主持中不够美丽。但也请相信，因为不够美丽，我一直在努力！"

这些名人为什么能够如此自如地运用自嘲，难道他们就不担心丢面子吗？事实上，这正是他们的聪明之处！不仅如此，他们还属于自信、乐观、幽默的那类型人，并且对自身有着深刻的领悟和自知。

运用自嘲时，需要我们把自己的失误、不足甚至是生理缺陷不加掩饰地放大，引人注意，再引申发挥，自圆其说。因此，那些缺乏自信，或是心胸不够豁达的人，是不会使用这一技巧的。

比如两个同是没有头发的人，一个因为被人开玩笑"你以后理发不用花钱了"而变了脸；而高情商的人却会在自我介绍时主动说："有人说我聪明绝顶，事实上，我早就'绝顶'了。"说着，还特意用手指了指自己的脑袋。

一位老师的普通话不太标准，在一次上课时，把"我有四个比方"说成了"我有四个屁放"，顿时引起了学生的哈哈大笑。

这时，老师灵机一动，张口说了首打油诗："四个屁放，大出洋相，各位同学，莫学我样，早日练好普通话，年轻潇洒又漂亮。"就这样，这位聪明的老师赢得了同学们的掌声，以后大家也越发喜欢他的课了。

像这样，把自嘲运用得好，不但可以给自己解围，还可以让交谈平添许多风采。比如曾经有位女作家因为写作太累在开会时睡着了,并且鼾声大起,逗得与会者哈哈大笑。她醒来时,一位同仁说:"身为一个女人,你居然能打出这么有水平的'呼噜'!"结果她立即接茬说:"这可是我的祖传秘方,高水平的还没有发挥。"在大家的哄笑声中给自己解了围。

这种说话方式,可以有效地显示一个人的责任心和坦诚。更因为他们勇于暴露自己的问题,往往被人视为可靠的人。相反,如果我们对自己的问题和缺点怒不可遏地反唇相讥,可能会遭到更多的嘲讽。

乐嘉在面对媒体的疑问和尴尬的自身处境时,在微博上讲道:"过去我曾想过被人包养,可以不用那么累,但怕被控制,怕被兄弟们瞧不起,更怕以后被我自己鄙视,所以没行动。其实真正重要的是没人愿包我,也没人愿养我,只能自己摆平自己。"如此巧妙的自嘲水平,又博得了一批粉丝的喜爱。

因此,当我们遇到麻烦时,不妨来个自嘲自讽,反而显得豁达和自信。这种超脱不仅能使自己摆脱"狭隘的自尊心束缚",还能堵住别人的嘴巴。

另外,自嘲不仅是一种重要的交际方法,更被称为幽默的最高境界,因为自嘲对自嘲者的心理健康有着积极作用。就像是在生活中,我们每个人在人际交往中都会不自觉地保护自己不受伤害,而自嘲,正是最成熟、最健康的防御机制。

所以说,懂得自嘲的人,才是极聪明的人,因为他们是在用贬低自己的方式来保护自己。

8. 借题发挥的幽默，是对话中的彩蛋

一男一女酒后聊天。

男人说："我天天挣钱，却不知道我家到底有多少钱。"

女人说："我天天花钱，我都不知道我到底花的是谁的钱。"

一位妈妈带着孩子经过碰巧听到，就借题发挥地指着两人对孩子教育道："你看，这就是不好好学习的下场，所以要好好学习，要不长大了挣多少花多少都不知道，难过的只能用酒来麻醉自己。"

……

借题发挥的幽默，就是借用别人的话题进行发挥，用以表达自己的意思。当我们在劝人、提出意见等情况中，就可以使用这个方法巧妙地达到自己的目的，尤其是在有些话不方便直接说出来时，巧用借题发挥，可以起到意想不到的效果。

（1）达到自己的目的

台湾著名主持人于美人在刚进入电视圈时，很想要求电视台老板加薪。虽然她很想直截了当地和老板说："我要加薪！"却怎么也无法开口，最终决定见招拆招。

一天下午，于美人和老板在某家饭店的餐厅喝下午茶，两人聊了很久，但没有半句与加薪有关。这时，正好有餐厅服务员在为客人续杯，当对方礼貌地问她："于小姐，请问您要加

茶还是加咖啡？"她马上福至心灵地问服务员："可以加薪吗？"

老板听到她的话后，大声笑了起来，并且在笑完后马上同意给她加薪。相信很多人在看到于美人的聪慧后，都会莞尔一笑吧。这正好印证了中国的一句老话："会说话，当钱花。"很多时候，我们不仅要会做事，还要会说话，只有这样，我们才能得到自己想要的"糖"。

（2）化解双方的矛盾

与人相交，发生这样那样的矛盾很正常。要想化解双方的矛盾，不妨借题发挥地来一点幽默，定能一扫对方的怒气，使两人重归于好。

有一对老夫妻吵架后，双方都不愿意开口说话。几天后，妻子为了缓和双方的关系，就趁着丈夫在家时，不停地翻找家里所有的抽屉、衣橱。丈夫忍无可忍地问："你到底在找什么？"妻子马上说："谢天谢地，我总算找到你的声音了。"丈夫扑哧一笑，两人和好如初。

一个高情商的人，通常都有逗人发笑的本领。这种人即便与人发生矛盾，也能利用借题发挥的幽默，把双方的冲突降低到最低程度。

（3）烘托现场气氛

借题发挥的幽默，重点在"借"字，却难在"发挥"上。"借"什么样的"题"，如何"发挥"，是它的关键所在。借题发挥得好，自然就能轻易达到烘托现场气氛的效果。

2009年9月8日晚，第27届电视剧"飞天奖"的颁奖典礼，在北京"水立方"国家游泳中心举行。主办方因地制宜，当优秀导演获得者康洪雷和郑晓龙登台领奖时,站在舞台两侧的礼仪小姐挥舞着绸带,整齐有序地跳入水中,以这种仪式感极强的庆祝方式,表示对获奖者的祝贺。

这种独特的礼仪顿时让主持人董卿找到了借题发挥的空间。她幽默地说道:"我们看到两位才华横溢的导演走上台的时候,我们的姑娘们都倾倒了,倒在了水池里,以朵朵浪花迎接着你们,看来我们21世纪的男性,同样也有沉鱼落雁的气势。"场下一片笑声和掌声。

临场发挥非常讲究说话之人的语言艺术性,要想发挥得出彩而又得体,就要求说的人有较高的情商,能够察言观色,然后说出应景的话,从而达到锦上添花的效果。

如果有人觉得自己属于"天生嘴笨、情商低"的人,不妨平时多积累、多练习。相信在不久的将来,你同样能说出幽默诙谐的话来。

9. 巧用俏皮话,提升幽默感

一名女演员受邀参加某项颁奖仪式,上台时,她的披肩不小心从肩上滑落到了地上。这个聪明的演员在捡起披肩时,俏皮地说了一句:"唉……这女人一过三十,什么都往下掉!"这就是用俏皮话提升幽默感的表现,它与滑稽不同,不仅能免除尴尬,还用自己的年龄调侃,让人会心一笑,真是一绝!

有时候,我们会在有陌生人的场合或者严肃的时刻感到紧张,但高情商的人却能适当地添加一些幽默的俏皮话,来舒缓彼此之间紧张的气氛。这样不仅可以消除彼此之间的疏离感,还能拥有惺惺相惜的默契,让每个人都能够博得好感、拉近与他人的距离。

美国著名主持人丹弗里曾主持过一场晚会,这场晚会并没有其他节目,只有丹弗里和几个文艺界著名人士在台上进行脱口秀。下面我们来看看丹弗里与明星雷利的一段对答。

鬓发斑白的艺坛老将雷利拄着拐杖,步履蹒跚地走上台来,很艰难地在台上就座。看到这样一个老人,让人很自然地为他的身体担心。所以丹弗里开口问道:

"你还经常去看医生?"

"是的,常去看。"

"为什么?"

"因为病人必须常去看医生,这样医生才能活下去。"

此时,台下爆发出热烈的掌声,人们为老人的乐观精神和机智语言喝彩。

丹弗里接着问:"你常去医药店买药吗?"

"是的,常去。这是因为药店老板也得活下去。"

台下又一阵掌声。

"你常吃药吗?"

"不。我常把药扔掉,因为我也要活下去。"

丹弗里转而问另一个问题:"嫂子最近好吗?"

"啊,还是那一个,没换。"

台下哄然大笑。

会讲俏皮话的人，大多能把幽默的力量运用得十分自如。尤其是在气氛非常紧张、严肃的场合，面对黑压压的观众，适当讲一点俏皮话是非常可贵的。一个适当的玩笑可以松弛紧张的气氛，好比打开了一道闸门，压力就此慢慢消失，换来的是融洽的气氛。

美国学者特鲁·赫伯告诉我们："要运用你的幽默力量去主动与人交往，在与人接触的最初那一刹那，幽默就已经帮你把自己的壳打碎了。"

一位客人发现自己点的汤里有一只苍蝇，他勃然大怒，立即叫来服务生质问道："你能告诉我它在里面干什么吗？"服务生看了看，严肃地回答道："它在仰泳，先生。"一句话马上就化解了客人的怒气。

所以说，风趣幽默的语言往往能产生"四两拨千斤"的力量，达到举重若轻的交际效果。当我们与他人交往时，若彼此之间的气氛不是特别好，那么不妨神色自若地使用一下俏皮话，相信定能达到我们想要的交流效果。

另外，一句俏皮话在很多时候还能帮助他人化解窘迫的情境，从而消弭一场硝烟。

公共汽车上，因为突然刹车，一位男青年无意中撞到一位女士，女士恼羞成怒地说了句："什么德行！"男青年被她的话激怒，一场争端迫在眉睫。

这时，旁边一位大爷说："姑娘，这不是德行，是惯性。"车上的人顿时哄然大笑，女士不好意思地低下头，男青年也诚恳地表示了自己的歉意。此时，车上烦闷、紧张的气氛也一扫而空了。

在生活中,偶尔的俏皮话往往能与乐观、愉快、希望等联系在一起。因此,在人际交往中,获得别人好感的关键因素之一就是:把幽默的俏皮话注入别人的内心,消除彼此之间的疏离感,让大家都成为我们的朋友。

由此我们可以知道,会说话的人,往往都会巧妙地运用俏皮话来提升幽默感,作为僵硬氛围的消融剂,从而改变人们的心态。因此,我们也应该学着在适当的场合,恰当地加上一些小幽默和俏皮话来为自己添上一缕光彩,拉近与他人之间的距离,博得他人的欢心。

10. 高情商就是有分寸地开玩笑

熟悉的朋友聚在一起时,开开玩笑,是人生的一件快事。但是,开玩笑是一种艺术,"开"得好,叫高情商;若"开"得不好,就只能适得其反,造成彼此的尴尬。

马先生先天秃头,为此,他从小到大没少被人取笑。一天,他和朋友一起聊天,说话间,就把自己发明的专利被批准的事情告诉了大家。这时,一位朋友心直口快地说:"真有你的,真是热闹的马路不长草,聪明的脑袋不长毛。"

一句话逗得大家哄堂大笑,却让原本就在意自己秃顶的马先生顿感不悦,脸上一阵红一阵白。

瞧,玩笑开过火了,不但不能引人发笑,反而会招致对方的怨恨。所以说,为了不使玩笑给大家造成不良影响,我们在开玩笑的时候,一定要注意把握"度"的问题。如果只开一些没分寸的玩笑,只会让对方觉得我们嘴贱、情商低。

因为开玩笑本来就需要顾虑到对方的尊严,如果使对方太难堪了,那就失去了玩笑的意义。比如,你笑你的同学考试不及格;你笑你的朋友怕老婆;你笑你的亲戚做生意因上了别人的当而亏本;你笑你的同伴在走路时跌了一跤……

本来这些都是应该报以同情的,却被你拿来取笑别人,不仅使对方难以下台,还让你所表现出的冷漠令别人反感。同样,故意拿别人的缺陷、苦恼开玩笑的人,一定会被认为是个无情的人。比如对眼、麻子、跛脚、驼背等,这都是别人的禁区,我们都不应该触及。

一般来说,友好的态度,是开玩笑的一个原则。如果借着开玩笑对别人冷嘲热讽,发泄内心情绪,那么只会让别人反感。即便我们能倚仗伶俐的口齿,让自己表面看起来占了上风,但别人却会因为我们伤害别人的自尊,而拒绝与我们交往。

另外,开玩笑一定要看清场合,看这种场合是否可以开这种玩笑。比如一般在严肃静谧的场合中,言谈定然要庄重,不能乱开玩笑,而在喜庆的场合中,则要注意所开的玩笑能否增添喜悦的气氛,如果因玩笑使人扫兴就不好了。

高晓蝶是个具有丰富幽默细胞的女孩,无论是上学还是工作,她都是大家的"开心果"。但是,前段时间她的玩笑却给自己带来了麻烦。

一天,上司穿着一身新衣服去上班,灰色的西装、衬衣、裤子,连领带都是灰色的。大家都没说话,只有高晓蝶调侃道:

"呀，穿新衣服了？"上司笑了笑，她却做了个鬼脸接着说："哈哈，真像只灰耗子。"

后来，有个客户到公司来签合同，当上司签完字后，对方称赞道："您的字写得真好，有气派。"当时正好高晓蝶到上司办公室拿资料，马上就接了一句："能不气派吗？我们头儿可是暗地里练了三个月呢！"

高晓蝶并没有意识到这有什么问题，但没过多久，她就被公司辞退了。

很多开玩笑没有分寸的人，都是热衷于挑刺的人，这类人往往被视为是"刻薄"的，也是没有人缘的。

除此之外，开玩笑也一定要注意区分对象。同样一个玩笑，能对这个人开，却不一定能对另一个人开。这是因为每个人的身份、性格、心情不同，对玩笑的承受能力自然也不一样。

一般来说，后辈不宜同长辈开玩笑；下级不宜同上级开玩笑；男性不宜同女性开玩笑。在同辈人之间开玩笑，则要掌握对方的性格特征与情绪信息。对方性格外向，能宽容忍耐，玩笑稍微过大也能得到谅解；对方性格内向，喜欢琢磨言外之意，开玩笑就应慎重；对方尽管平时生性开朗，但如果恰好碰上伤心事，就不能随便与之开玩笑。相反，对方性格内向，但正好喜事临门，此时与他开个玩笑，效果会出乎意料的好。

所以说，想成为高情商的人，一定要注意把玩笑"开"得适可而止，掌握好分寸，做到得体含蓄，点到即可。

第九章

不同对象和场合，
聊天实战九大技巧

1. 和女孩子约会怎么启动聊天话题

很多能言善辩的男孩在面对喜欢的女孩时,总能自动变成"话题终结者",而高情商的人却往往能成功与女孩搭讪,并顺利进入约会模式。下面,我们先来看看不同的人在与女孩搭讪时,是如何说话的。

第一种:

男:"可以认识一下吗?"

女:"为什么?"

男:"因为我们很有缘分(因为你很特别)。"

女:"呵呵,是吗?不好意思,我还有事。"

第二种:

男:"可以认识一下吗?"

女:"为什么?"

男:"刚才在门口看见你,突然觉得,如果我今天不过来跟你说句话,我一定会后悔的。"

女:"哈哈,你真有意思,我刚才是在……"

比较后,我们会发现,第二种说话方式更容易获得女孩的好感。所以男孩要注意:同样的意思,只要我们换一种说话方式,就能得到不同的结果。尤其是与女孩搭讪时,你启动聊天话题的方式将决定你能不能与她继续约会。

（1）学会"承上启下"

很多男孩在与女孩聊天时，说出的话经常属于"承上"样式，导致双方的交流显得冰冷而生硬。比如：

男："你下班后喜欢做什么？"

女："我最近在跑步。"

男："哦，跑步挺好的。"

女："……"

男："要不今天一起吃饭吧？"

女："我今天要加班。"

男："哦，那就改天一起去吧。"

女："……"

如果是一个高情商的男孩，他在回答女孩的话时，除了会评价和总结对方的话之外，还会适当地引起对方的话题，做到"启下"。比如：

男："这周打算怎么过，要不出去玩？"

女："准备待在家里。"

男："虽然宅在家也不错，但这么好的天气应该出门走走，呼吸一下新鲜空气。听说郊外有个庄园不错，正和朋友商量着一起去呢，你也来吧！"

女："好羡慕，但我这周决定大扫除，只能预祝你们玩得愉快了。"

男："大扫除啊，需要帮忙吗？我……"

如此一来，话题就可以无限延伸下去。

（2）不知说什么，就听对方说

林书顾自小就是个沉默寡言的人，工作之后，性子也没有改。因此，眼看快30岁了，依然是光棍一条。他妈妈给他安排了几次相亲，都因为林书顾沉默寡言而不了了之。

前几天，林书顾又和一个女孩见了一面。他对对方印象很好，但在简单的自我介绍之后，双方又陷入了沉默。思索了半响，林书顾还是没想出什么话题，突然他看见女孩手腕上戴着的编织手链很有趣，就问："这个手链很别致，在哪儿买的？"女孩笑笑说："朋友去云南旅游，帮我带回来的。"

林书顾就顺着问女孩："你有很多朋友？"女孩说："不多，也不少。要好的都是小时候的同学。"他又问："你和朋友关系很好啊，你们平时都喜欢做什么？"于是女孩就开始讲述自己和朋友一起去过的地方，一起经历的一些趣事，并且越说越开心。

男孩和女孩约会时，因为不会说话而导致冷场的情况很多。要想避免这些情况的发生，不妨让对方说话，让自己来做一个倾听者。这样不仅可以满足对方的倾诉欲望，还会让对方对你更加满意。

（3）女孩儿需要"哄"

大多数女孩儿都比较细腻温柔，她们属于天生的感性生物。因此，她们不仅希望得到别人的呵护和安慰，也渴望得到别人的赞美，尤其是来自男性的由衷赞美。

在赞美女孩儿之前，男孩需要先观察对方的特点，如长发飘逸、身材苗条、穿着得体、面目清秀等。只要你慧眼独具，赞美得体，一定能得到对方的青睐。

赞美女孩时，你可以选择很多方法。比如，你可以选择实事求是地称赞:"你的皮肤真好,简直吹弹可破。"或者引用第三者来传达赞美之词:"见面之前就听说你长得漂亮,今日一见果然名不虚传……"

大胆地说出自己的赞美之词,不管这句赞美是否够完美,只要是真心实意的,女孩都会回复你一个微笑,并愿意把话题继续下去。

2. 和心仪的男生聊什么

"喜欢一个男生,但两人在聊天时却经常冷场,怎么办?"很多女孩应该都会遇到这个问题。下面我们就来看看高情商的女孩,是如何与自己心仪的男生聊天的。

(1) 知道聊什么

一个聪明的女孩喜欢提开放式的问题,而不会提那种答案为是或否的问题,以避免简单的问答后让两人无话可说。比如当两人看完一场电影,她肯定不会问男生:"电影好不好看?"而是会问:"你对电影中的故事情节有什么看法?"或者用自己对电影的想法来诱导对方回答。

当对方说出自己的想法后,女孩就可以再问他更多的问题,或用一句:"你说得很有意思,接着说啊。"把话题继续下去。

另外,聪明的女孩都知道,男人是要"捧"的。有心理学家研究发现,男性的神经比女性的更为敏感,对语言的接受能力也比女性更为灵敏。因此,当男性获得一定成就的时候,他们更喜欢听到别人的赞美,尤其是身边异性的赞美,这会让他更有成就感。

但是,女孩要如何赞美自己心仪的男生呢?如果太过直白,对方可能会觉得你过于虚假,所以一定要掌握技巧和分寸。

比如当你准备赞美对方的眼睛时,说"你有一双水汪汪的大眼睛"肯定比"你的眼神好性感"要好得多。因为挑逗性的称赞可能会给对方带去错误的暗示,还可能会让对方觉得你不够庄重。

最为恰当的赞美之词应该会让对方感到话题氛围很舒适,比如当你说:"有你陪我,我真高兴。如果不是和你聊天,我都无聊死了。"相信对方一定会很高兴。

(2)知道怎么聊

知道怎么聊的女孩从不会刻意找话题,却能和对方滔滔不绝聊得开心。这种女孩能驾驭各种话题,但她不会总是自己说,而是会想办法让对方说话。

一般当女孩知道男生有什么爱好、特长、习惯后,就能轻易找到话题了。比如对方喜欢游泳,女孩可以说:"路上遇到一个发传单的,说有个地方一年四季开放泳池。"对方喜欢各种美食,女孩就可以把自己吃到、看到的美食都拍下来发给他,然后说:"我是来拉仇恨的。"对方喜欢玩游戏,即便自己不玩游戏,女孩也可以关注一些游戏方面的内容,总能找到对方感兴趣的话题。

如果不小心说错了什么,就大大方方地承认错误,然后继续说下去。毕竟说错话很正常,如果因为一点失误就闭口不言,只会让聊天的气氛更加尴尬。

另外,女孩可能想要再见对方一次,但对方却不一定会这么想。一般情况下,如果女孩在聊天结束时暗示说:"我非常享受和你聊天,希望下次还能和你聊。"那么对方也会给你相应的暗示。

（3）知道如何网上聊或短信聊

如果双方缺少见面的机会，那么网上聊就会成为当前最适合的交谈方式。比如女孩可以通过查看对方在网上公开的事情并以此为话题，问问他主页里的照片是哪里照的，赞美一下照片里的环境优美等。

现代的数字交流方式有一个问题，即两人纯文字交流会显得比较生硬。为了弥补这一点，女孩需要用一些能够表达感受的短语，比如用"啊，嘻嘻，谢谢啊！"这样的话来回应对方的赞美等。必要的时候，还可以在文字中穿插一些笑脸、眨眼等表情符号，以提高文字的可读性。

除此之外，女孩如果没有及时收到对方回复的信息，最好不要又冲动地发出第二条，可以等到第二天或几天后再问。即便想问之前的信息是怎么回事，也要有礼貌地询问，如："我手机最近出了点问题，你收到我几天前发的信息了吗？"

最后，女孩还要注意一点，对方只是你心仪的男生，他是不是对你也有好感还很难说，所以指责性的语言几乎不会产生任何作用。那不妨完全忘记第一条短信，重新开始聊另一个话题。如果他第二条信息也不回复你，那么你们之间的话题基本已经结束，就别再发第三条了。

3. 与客户聊天，开场白说几句行话

开场白，就是销售人员与客户在见面时说的话。这段时间，

是客户对销售人员第一印象的再次定格。因为与客户见面时，客户对销售的第一印象往往先取决于他的衣着和言行举止，再就是那短短的几句开场白，而这个印象也将决定客户是否愿意与你继续谈下去。

下面，我们就以公交车站的卖报人为背景，比较一下不同开场白带来的不同效果：

一位卖报人拿着报纸，高喊着："卖报！卖报！便宜了，一块钱一份！"

同样的情景下，另一位卖报人却这样喊："卖报！卖报！美国总统换届，奥巴马获得'最差总统'称号；中国足球再遭惨败，总教练面临下课危机；南方最强降雨明天开始减弱，本省局部地区仍有暴雨……"

对比两位卖报人的开场白，必然是第二个卖报人这种具有点题性的语言，更能吊起大家的胃口，激发大家的购买欲。

所以说，好的开场白就是销售成功的一半。而大多数客户都是在听完销售人员的开场白后，才会决定是尽快打发对方还是继续谈下去。

通过销售成功率的对比，我们可以把简单的开场白分为四个部分：感谢客户的接见；自我介绍或问候；介绍来访目的（突出客户将获得的价值，吸引对方）；探测客户需求，并以问句结束，好让客户开口说话。

具体来说，还需要销售人员通过分析不同客户的身份、性格等，有针对性地进行富有创意的开场白。

李可可是一家长途电话业务代理商销售，她在向某客户推荐公司代理的长途电话业务时，是这样说的：

"早上好，张经理，现在来见您方便吗？"

"方便，请问哪位？"

"我是移动公司的李可可，李冰冰的李，可爱可亲的可可，您直接叫我可可就成。是这样，张经理，有一种方法可以帮您立刻节省公司长途电话费的30%左右，还不需要您任何额外的投资，您看我可以用一到两分钟的时间，给您简单地做一个说明吗？"

"是吗，那么是什么方法可以帮我节省30%的长途话费？"

……

像这种经典的开场白，既显得有礼貌，又能表达对客户的尊重。并且她说出客户的姓名与联系方式，会让对方产生自己认识她的感觉，从而在听到销售人员问"现在来见您方便吗"的时候，客户会很自然地回答"方便"。那么在接下来的对话中，就意味着客户必须要给销售人员一些时间，而不是找"我很忙""我现在没时间"之类的借口。

自我介绍时，这位销售人员聪明地先介绍了合作公司"移动"的名字，因为这样可以迅速赢得对方的信任。介绍自己的名字时，也采用了能让对方产生正面联想的方式，拉近双方的距离。然后，她再向客户明确地传达产品的价值，再加上"不需要您任何额外的投资"这句话，会让客户产生不用付钱的感觉。而这种模糊的介绍，将具有很深的意义。

另外，很多销售人员在面对一些客户的时候，总想着先寒暄几句，所以会使用一些与销售无关的开场白。如："很抱歉，打搅您了，我……""呦，几天不见，您好像发福了，这是……""您早啊，这大清早的准备去哪儿？您……"类似这种遮遮掩掩的开口，其实并不能轻易吸引客户的注意力，甚至有时候寒暄过头，还可能会产生画蛇添足的效果。所以，直接向客户坦白自己的来意，让客户觉得，自己如果不能达成这项交易，将会是一种损失。

比如你这样说："上午好，林先生，我是某某公司的小静，今天特意来拜访您，是为了告诉您，我们将如何帮您提高工作效率。我深信，与洛克公司一样，您会对这个产品感兴趣。"简单地问候之后，就直接向对方表示自己的来意，并说出已经合作的大公司名字。如此，在增加对方信任的同时，销售的成功率也在增加。

但如果你这样说："上午好，林先生，我是某某公司的小静，我今天来是为了跟贵公司洽谈代销某产品的事情，我真心希望与贵公司合作，希望……"在这样的开场白中，由于客户没有弄清楚你此次前来的目的，你也没有表明自己合作的诚意，对方很可能会直接告诉你："对不起，我现在很忙。"这时，你再想展开销售就难了。

总而言之，一位高情商的销售人员，总能在短短的开场白中，让客户知道自己能够让对方获得哪些具体利益，进而让客户放下手头的工作，去耐心倾听销售人员的详细介绍。

4. 面试官开启聊天模式，你该怎么办？

当我们在求职面试的时候，总能遇到各种各样的面试官。很多面试官都会给求职者一定的压力，以便更好地测试求职者的抗压能力和应变能力,但也有不少面试官会采用聊天模式来考验求职者。大家可能会觉得这类面试官"好说话",殊不知,这样的面试方式比压力型的面试更难应付。那么,当我们遇到聊天模式的面试时,该如何应对呢?

(1) 分清楚聊天话题内容

本该一板一眼的面试场合,面试官却开启了聊天模式,是不是有点诡异?即便如此,我们也不得不跟着对方的话题继续说下去。

陈先生和赵女士同时获得某公司的面试资格,两人学历和能力都差不多,结果却一走一留,原因就发生在"说话"上。

陈先生做了简单的自我介绍后,面试官开始问:

"小陈看起来很年轻,不像我,都老了。"

"哪里哪里,您看起来和我差不多大。"

"比不了啊,事情多,每天都睡不好。"

"呵呵……"

赵女士同样做了简单的自我介绍,面试官开始问:

"小赵看起来很年轻,不像我,都老了。"

"哪里,目前我经历的事情还比较少,很多以前学习的理论知识,都还没有具体实践过。不像您,浑身都充满魅力。"

"哈哈,比不上啊,现在事情多,每天都睡不好。"

"人忙起来确实容易失眠,我那会儿考英语八级的时候,也是睡不好,考完后整个人都是懵的,还好过了。不过考英语肯定跟您每天忙的事情不一样,我也希望自己能尽快适应职场生活,就和您一样。"……

一个求职者如果仅仅局限于听见面试官的话,那很可能会让自己处于被动局面,甚至无法让话题继续下去。但如果我们能像赵女士一样,从对方的话题中摘取到关键点,然后嵌入有利于自己的语言,那么,必定会给面试官留下好印象,从而获得面试官的喜欢。

(2)关于工作人际关系的话题最好不要发表意见

当面试官与我们谈论关于工作人际关系方面的话题时,十有八九是在考验我们的情商,而这个时候,最好的答案就是不认同、不否认。千万不要觉得迎合面试官就是好事,一旦我们附和面试官的话,或者跟着发牢骚,就很可能被对方套出话来。赵天翔这次面试表现很好,临近结束时,面试官这样问他:"你之前工作的公司怎么样?别紧张,咱们就是随便聊聊,主要是昨天公司有人吵起来了,忽然就想问问。"

"就那样吧,哪儿都有发生矛盾的时候,不过这种事情确实挺烦的。"

"是吧,是不是有种想把他们赶出去的感觉?反正我就是。"

"呵呵,是有那种感觉,不过我一般都不搭理这种事情,你吵你的,跟我又没什么关系,别牵扯到我就成……"

最后,赵天翔没有得到这个职位,因为面试官觉得他没有团队合作精神。

所以说,对于人际关系问题,我们最好不要发表什么意见。当面试官问起时,我们可以用这类答案来回复对方,如"意见不合的时候肯定有,不过那都是必要的讨论""牙齿还能磕着舌头呢,劝劝就成了""可能我这个人和谁都吵不起来,所以还没遇到过"……

(3) 关于员工跳槽等话题可以适当反驳

很多新员工都会因为"不适应这份工作""不喜欢公司的环境氛围"等原因辞职，我们可能也存在这类问题。

但是，当面试官表示这种情况，是属于招聘工作中的正常现象，并和我们聊起这类话题的时候，我们却不能表示赞同或是直接沉默。要知道，与其坐在那儿听对方痛斥求职者的诸多"恶性"，不如大大方方地用事实来反驳对方，为同为求职者的自己正名。

都说"一个巴掌拍不响"，员工会跳槽并不一定只是求职者的原因，用人单位肯定也存在一定责任。因此，在这种时候，我们就可以说一句："是有部分新员工会因为无法适应一些工作，而不得不辞职。但是大部分还是很珍惜自己工作的，如非必要，没有人会给自己找麻烦。如果那个公司实在令人无法忍受，那肯定留不住人才，像……"

最后我们需要注意一点：当我们面对侃侃而谈的面试官时，一定要注意自己的言谈举止。一般落落大方、"不怕生"的求职者，肯定能在一定程度上获得面试官的好感。

5. 怎么跟面试官谈钱却不伤感情

无论是职场菜鸟还是求职高手，总会在面试时被问到一个非常重要而又敏感的问题："你期望的薪资大概是多少？"而这种涉及薪资的问题，也总是让求职者苦于回答，说高了怕把用人单位吓跑，说低了又怕把自己打折处理。

究竟怎么回答面试官的问题，才会"谈钱不伤感情"呢？这就需要求职者注意回答问题的技巧。下面我们来看看不同的求职者面对薪资问题时的回答，看看哪种答案更容易获得面试官的喜欢呢？

问题一：

"你认为我们给你提供的薪水怎么样？"

答案1："您给出的薪资和我的预期有一定差距，我觉得太低了。"

答案2："您给出的薪资和我的期望有一定差距，如果我能进入公司，该怎样努力缩小这个差距呢？我相信只要公司给我机会，我会用实力让薪资达到自己的期望。"

答案3："您给出的薪资和我的预期确实有些差距，我知道公司对新人在薪资上面有一定的限制，我们能否谈谈除了工资以外的福利待遇呢？"

这个问题，首先需要求职者清楚薪资待遇是否达到心中的期许。从三名面试者的回答中，我们知道面试官提出的薪资要求并不能达到求职者的预期。

但是，答案1就显得过于直白，而且没有表示出自己与期望薪资要求相匹配的能力，这会让面试官产生反感；答案2中，由于求职者委婉的表达，不至于让双方陷入尴尬的境地，是面试官乐于接受的；答案3的求职者则明确表明公司的薪水，虽然与预期薪资存在一定差距，但他却乐于接受公司给的薪资，并在谈妥的基础上争取额外的福利。

问题二：

"你的工资要求太高了，公司不能接受，谈谈你的看法。"

答案1:"我的要求并不高,在之前的公司里,这只是基本工资。"

答案2:"可能我的要求有点高,那公司能提供的月薪是多少呢?"

答案3:"我觉得重要的不是薪资,而是这个职位本身的价值。我希望用自己的专业能力和职业素养来打动公司,让公司了解我的价值,以求逐步提升薪资。请问,公司对这个职位提供的薪酬范围是多少呢?"

显然,答案3要胜于答案1和2。因为在面试中,当面试官提出这个问题时,对方可能是真在意我们的要求过高,也可能是在考察求职者的自信。答案1显得自恃过高,还试图和之前的公司作比较,这是非常失礼的;答案2又显得不够自信,还冒失地追问职位薪资,同样不会获得面试官的好感;答案3的求职者,则是在表达自信的同时,又不失礼貌地问到薪酬范围,所以更容易获得面试官的认可。

由此我们可以得出,求职者想要在面试中"谈钱不伤感情",就需要学会把握讨论薪资的分寸,从而不破坏自己在面试官心目中的印象。

接下来我们再来看看,高情商的人是如何跟面试官"谈钱不伤感情"的。

(1)准确定位,直奔期望薪资

"薪资期望值"属于求职者的必答问题之一,当我们在面试中被问到这个问题时,最好先自我判断一下,自己和面试官是否已经真正进入实质性的谈判了。如果没有,那这个问题很可能就是面试官对我们的一种考验手段,使用"外交辞令"式的回答较好。如"薪资并不是我的首要考虑因素，我更看重的是贵公司的发展前景"等。

如果双方已经明显进入实质性的谈判阶段，那我们就应该抓住机会，委婉地说出自己的期望薪资值。一味拖泥带水、遮遮掩掩，很可能会错失良机。当然，谈钱需要有技巧。先了解对方能提供的薪酬范围是多少，并善于发问，知己知彼，方能百战百胜。

（2）采取迂回战术，巧报身价

所谓采取"迂回战术"，就是不要急着报出"实价"，以免之后没有迂回或进一步解释的余地。比如我们可以这样说："我现在的收入除了每月的固定工资外，还有奖金、房补、车补等。"这样简单地和面试官说一下目前的薪资结构，对方只要稍加估算一下，就能大致清楚了。

另外，如果我们对对方开出的薪资标准不太满意，也不要急着自我降价，可以用探讨、协商的口气去争取更高的薪资，如果对方口气坚决，不妨试着争取缩短试用期。

（3）争取额外福利

很多公司除了正式的薪资外，还有额外的奖金、福利等。这就需要求职者察言观色，并大胆争取。当然，一定注意见好就收，过度索取肯定会让面试官反感的。

（4）转移目标

如果对方提出的薪资没有达到自己的期望值，那不妨直接转移目标，把皮球踢回去，让对方来回答。比如说："我相信公司会根据我的业绩给出合理的报酬。"或者"钱并不是我唯一关心的事，如果您允许的话，我想先谈谈我对贵公司所能做出的贡献。"

巧妙地应对薪资问题，是我们在面试中的重要一步。如果我们能在这个问题上具有灵活的策略，那么面试的成功率就会大大提高。

6. 情商够高，才能跟老板说 "不"

"小刘啊，你把这叠演讲稿抄一遍，我马上要用。"

"老板，太多了，怎么可能抄得完？"

"抄不完？那就另谋高就吧。"

……

就这样，小刘被"炒鱿鱼"了。事实上，小刘被"炒"，虽然令人惋惜，但也是顺理成章的事。试想一下，作为一个下属，却生硬地直接拒绝老板的要求，就会给对方一种"完全没有上下级概念""不服从指示""无视老板的威信"等感觉。

当然，这里并不是说不能拒绝老板的要求，而是应该迂回、委婉地拒绝。如果不讲究方法、策略，不顾及对方的面子而生硬地拒绝，肯定只能让自己吃亏。

比如某些高情商的员工在面对老板交给自己的不合理的任务时，都会先虚心接受，尽可能地给对方留足面子。然后在完成任务的过程中，若是觉得这项任务确实过量，那就先把已经完成的工作交给老板，再委婉地表达自己的困难。这种时候，老板一般都会很满意你的态度，并会意识到自己要求的不合理，从而延长时限或者减轻工作量。

另外，对于老板不恰当的决策、指令等，同样可以考虑推辞，这并不是让我们跟老板耍滑头，而是要学会委婉地拒绝。比如高情商的员工在和老板说"不"时，大多会站在对方的立场上，用实际情况来说服对方。

夏远峰在某 IT 企业担任部门经理，加上他技术能力强、业务精湛，很得老板的器重。后来，另一个部门的经理辞职，老板觉得夏远峰的能力不错，就准备让他肩挑两个部门的责任。面对这一情况，夏远峰却觉得，自己的技术虽然过硬，但在管理方面还是有一定的欠缺，何况是兼管两个部门。因此，他决定找个合适的机会，把自己的想法和老板说说。

这天，夏远峰趁着午休时间，敲响了老板办公室的门，然后有了以下对话：

"老板，我有些事情想找您谈谈，不知您现在方便吗？"

"方便，说说吧，什么事情。"

"是这样，我知道公司准备安排我同时出任两个部门的经理，这是公司对我的信任和器重，但我想跟您说说我的一些想法。"

"怎么，你不愿意？"

"当然不是，主要是因为我的强项是技术。但据我所知，另一个部门更突出管理方面的才能。现在我管理一个部门，我可以把部门的各个方面做精做细，但要兼管两个部门，就分身乏术了。"

接下来，夏远峰又从公司的利益角度出发，详细说明了跨部门兼管的利弊。最后，他还特意向老板推荐了一名更合适的人选，老板对他的建议表示了认可。

当我们能够站在对方的角度看问题，并把事件可能会给公司带来的利弊讲清楚,那么老板会觉得我们是个注重团队精神的人。如果能再提出一个更好的解决方案,老板自然也就愿意接受我们的意见了。

但是,如果我们提出的建议不符合老板的要求,那么不管我们运用怎样的拒绝方式,都可能会让老板觉得我们不愿意给公司出力,从而怀疑我们的工作干劲和能力。因此,当遇到老板坚持,而自己的事情又可以兼顾的情况下,就不要推辞了,以免失去老板对我们的信任。

因此,高情商的人懂得在职场生存要学会变通,更要坚守原则。工作中应该学会服从老板的安排,但其他方面也要学会以诚相待,不卑不亢,该拒绝的时候就要说"不"。更何况,拒绝老板并不一定就是坏事。许多时候,能让老板发现我们的成熟踏实,有助于抬高我们在他心中的地位。

所以说,对老板说"不",其实是一门学问,我们不仅要摆正心态,更要学会技巧。但如果对方交给我们的任务确实不能胜任,也不要马上拒绝,而应先感谢老板对我们的信任和器重,并表示愿意为之效劳。再委婉地说明自己爱莫能助的理由,理由越具说服力,越容易让老板收回指令。老板毕竟是老板,所以要尽量维护老板的面子和尊严。

7. 面对"大人物",聊聊他们的艰难奋斗史

很多访谈节目中,主持人都会选择以嘉宾讲述自己的奋斗历程为话题。这样不仅能让观众了解"大人物"的故事,还能

让对方滔滔不绝地开口，从而让主持人更好地了解对方。

比如在《开讲啦》的一期节目中，主持人撒贝宁开场就说道："最近，中国第一部创业传奇轻喜剧——《中国合伙人》在各大影院热映。影片讲述了20世纪80年代至今，大时代下三个年轻人从学生年代相遇、相识，拥有同样的梦想至一起打拼事业，共同创办英语培训学校，最后功成名就实现梦想的励志故事。尽管新东方一再否认，但很多人还是认为，作为剧中男一号的黄晓明饰演的成东青，原型正是新东方创始人俞敏洪。他是社会上从开始就不被人看好、被人瞧不起的那一类人的典型代表。他经历了很多磨难最后获得了成功，实际上他身上具备很多成功人士所具备的特质——有一种信仰、有一种敢牺牲的精神。有请新东方学校创始人——俞敏洪，讲述他的奋斗史。"

高情商的人知道，让成功人士聊聊自己的奋斗史，是一种投其所好的表达。基本每个有成就的人，都比较喜欢别人看重他的成就，而他们艰难独特的奋斗历程就像是一种勋章，他们都会乐于谈论这些奋斗史，因为这是他们的骄傲。

在一期《鲁豫有约》中，节目组请来王珞丹做嘉宾。节目一开场，鲁豫就把话题定为从王珞丹在第二十九届华语电影金鸡奖最佳女配角的得奖开始，开玩笑地问："那只鸡是不是真金的？"王珞丹笑着说："我希望是。"

两人简单的寒暄后，鲁豫就开始问："那你在北京电影学院的时候是淘气的学生吗？吃过很多苦吧应该。"王珞丹点头赞同："吃了很多的苦，但是我觉得挺值得的。"接下来，王珞丹讲述了她的艰苦奋斗史，整个访谈没有丝毫冷场。

事实上，面对明星、企业家之类的人，我们的话题对方未必会感兴趣。但是，让对方讲讲自己曾经的奋斗历程，对方却非常乐意回答。既然是对方喜欢说的事情，那我们就主动要求对方说，比如问一问："您说说当年是怎么熬过来的？""当时失败了几次，您心里一定很沮丧吧？"一步步引导，使其对我们好感大增，同时也就打开了彼此的交际闸门。

另外，当我们与对方交谈时，我们的谈话时间最好九成九都用在询问大人物的事情上。这就是打开大人物心门的金钥匙。每一位大人物都是一座宝藏，想要打开这些大人物的心门，我们就要学会"设问"。

这种"设问"，应该是以开放式结尾的，而不是让对方以简单的"是"或"不是"来回答。现在，我们就来看看已经被无数成功事实证明是行之有效的几个"开放式结尾"的问题。

（1）"能聊一下您在发展事业过程中遇到过的最有趣的或最难忘的事吗？"

前面我们已经说过，每个人都喜欢向别人讲述自己的奋斗故事。因为只有一个人成功了，或者在别人眼中是成功的，那么他所经历的事情就会成为传奇，每个人都希望能说出来，大人物也是如此。

（2）"您认为哪些方法最能有效地使人成功？"

每一位大人物，都会对自己的成功历程有一套自己的心得，并且是被自己的经历证明过的。一般情况下，任何一位成功人士都会喜欢教别人一些东西，但平常会主动请教他们的人并不多。所以，这个问题同样是大人物喜欢回答的。

（3）"您是如何创立您的事业的呢？"

每个人都希望自己是别人心目中的主角，所以也没有人会不喜欢讲自己的故事。因此，设定一个能分享故事的问题，可以让对方侃侃而谈，而我们要做的，就是主动倾听。

（4）"您最喜欢您事业中的哪一点？"

这个问题很容易激发出大人物良好的正面感觉，并能够让我们获得自己正在寻找的正确性回应。但如果是"您能告诉我，您最讨厌您事业中的哪一点"这样的问题，则无法达到这一目的。

（5）"您和您公司与竞争对手的明显区别是什么？"

这是一个"自我标榜性"的问题，可以让大人物说说自己获得成功的原因。

（6）"您希望别人用一句什么样的话来描述您和您取得的成就呢？"

这个问题是在给对方一个很大的恭维。一般大人物在听到这个问题后，都会真正停下来，认真地思考一下，然后郑重地回答。

（7）"您对您行业的变化趋势有什么看法？"

这是一个能够展现大人物博学多才的问题，大多认为自己足够专业、从业经验丰富，或者觉得自己已经取得了一定成就的人，都会很乐意向他人分享自己的知识。

除此之外，还有像"近年来，您都看见您所在的行业发生了哪些重大的变革？""对一位刚进入您所在行业的人，您会给予什么样的建议呢？"之类的问题，同样可以打开大人物的话匣子，与我们进行愉快地交流。

8. 分享荣耀时，要提到伙伴

高情商的人都明白一个道理：没有人能独自成功，所以在取得成就的时候，一定要把荣誉的蛋糕多分几块送人。如果我们能在获得荣誉后向大家表示感谢，并与曾经一起共事的伙伴分享自己头上的光环。不仅不会对我们的事业产生影响，还会突显我们的成绩。因为这些在不知不觉中形成的人格魅力，对我们今后的工作是非常有利的。

2012年第48届"国际游泳名人堂"在美国劳德代尔堡举行了颁奖典礼，前奥运跳水冠军田亮获得了最佳跳水运动员的奖项，成为进入名人堂的第9位中国跳水运动员。

领奖时，田亮在获奖感言中一连说了四个感谢："感谢教练、感谢父母，没有他们就没有我的今天；感谢太太，我很庆幸遇到了一个非常爱我的太太，所以我选择了她的职业为我现在的事业。同时我也在创办我的跳水学校，希望能有更多的人热爱和继承这个了不起的职业。感谢我的国家，给予跳水很大的支持，谢谢。"

这就像我们经常在电视上看到的各种颁奖晚会，获奖的艺人往往都会在接过奖杯的同时发表一连串的"感谢"，感谢经纪公司、感谢导演、感谢幕后人员等等。

比如《泰坦尼克号》的制片人兰道在1998年的奥斯卡颁奖晚会上领奖时，就一口气读了45个人的名字。这绝不是作秀，而是一种对共事者、帮扶者最起码的礼貌与尊重，更是一种为人处世的谦逊态度，这就是情商高的表现。所以我们才会强调："在分享荣耀的时候，要提到别人。"

这个道理，同样适用于身处职场的我们。懂得与身边的人合作，这是即便已经晋升为企业高管甚至总裁的人，也不能忽视的法则。毕竟一个人的能力再强，也离不开上司的提携、同事的帮助、下属的支持。如果一味把功劳独享，其他人便会觉得是你抢夺了他们的功劳。因此，当老板或同事表扬我们时，我们可以简单地说类似于"其实都是大家的功劳""都是某某指点的好""同事们也非常努力"等。这样不仅能给人留下谦逊、不贪功的好印象，还会增强同事对我们的信任，从而更愿意与我们交往。

周凯南是名才华横溢的编辑，他不但很有想法，工作之余还会经常写点东西。一次，由周凯南主编的杂志在一次大赛的评选中获了奖。兴奋的他逢人便说自己私下是如何如何勤奋、努力，同事们也纷纷向他表示祝贺。但是，一个月之后，周凯南却发现公司里曾经一起奋战、一起熬通宵的同事们，都在有意无意地疏远自己。就连原本对自己十分器重的上司也刻意回避自己，还时不时给自己出些难题。

后来，在一位退休领导的指点下，周凯南才意识到自己犯了"独享荣耀"的错误。找到问题的根本原因后，周凯南把大家找了出来，吃了一顿大餐。饭桌上，他举起酒杯主动承认了自己的过错，向大家道歉。周凯南的这一举动，让他获得了大家的认可。

当我们获得荣耀后，先肯定别人的付出，是对别人智慧的一种尊重。把功劳分享给伙伴，能够让我们的人脉关系更加牢固。

所以我们要替伙伴戴上"功劳的勋章",让他们心甘情愿地继续与我们合作。比如当我们的某项任务获得了巨大的成功后,就可以在发言的时候提到负责项目的伙伴,并感谢他们为之做出的贡献,这样才能赢得对方的尊重,让周围的人更愿意与我们团结在一起,去取得更大的成功。

面对荣耀也是如此,一个人若是有了成就时,把所有的功劳都揽在自己身上,就会让同事们很不满。所以我们要学会感谢,在荣誉面前不能只顾自己,也应该把别人的付出、别人的汗水提出来。

9. 同学聚会,千万不要这么聊

同学聚会,大家都会时不时地聊聊过去学生时期的美好回忆,运动会、足球赛、排球赛、以及上学时的搞笑事等;也会关心关心老同学的家庭、事业现状等;又或者女同学大多喜欢凑在一起谈谈生活琐事、聊聊儿子女儿、秀秀宝贝的萌照等。

但是,大多数人聊的好像都是"你过得好吗?""怎么发展啊?""事业顺利吗?",甚至还有些人会扯到政治等各种话题。在同学聚会上聊这些,真的有意思吗?

前段时间,孙一然的老同学在群里嚷嚷着要组织一次同学聚会。说是从初中毕业到现在都20年了,大家天南地北的生活,都没好好聚过一次。大家见面之后叙叙旧,没有什么不好。

对于同学聚会,孙一然还是很赞同的。但见面之后,能说些什么呢?他还记得去年他参加高中同学聚会时,大家除了喝酒聊天之外，就开始话里话外地炫富，这个说："我刚从香港回来。"那个说："我抢在年前又买了套房子。"还有说自己的年终奖是如何如何丰厚的。

孙一然是一名普通的教职工，当时听着大家高谈自己的"丰功伟绩"，心里总有种异样的感觉。有人问自己最近过得怎么样，他也只是平平淡淡地表示"还好"。想到那次高中同学聚会，他就对这次的初中同学聚会期待不起来了。

与老同学见面，本是一件惬意的事情，想想多年的同学再次聚在一起，肯定有说不完的话题。但是如果稍不注意，就可能会戳到别人的伤疤，导致尴尬和不愉快发生。因此，高情商的人都知道，在同学聚会中，有些话最好少说。下面我们就来看看，哪些话不适合在同学聚会中聊起来。

（1）资产问题

毕业之后，有人成了富豪；也有人累死累活还挣不了多少钱。我们要记得，周围的人多年前曾和自己坐在同一个教室里听课，与其他人有着诸多共同的记忆，彼此之间存在着同窗之谊。所以，富人别炫富，穷人也莫自卑。

（2）工资收入

虽说工种没有贵贱之分，但工资收入却存在实实在在的差距。有人或许觉得自己一个月挣3000元很少，就想自我调侃下，却不曾想到还有月收入不到2000元的。所以，同学聚会中最好不要吐槽工资的事情，说不定就会刺痛谁的神经，让聚会的氛围变得尴尬起来。

（3）曾经的"恋情"

在感情懵懂的时候，很多人都对身边的异性产生过好感，但那时的爱,最多只是爱慕。即便谁谁谁们真的谈过恋爱,也都是过去的事情的,就不要提了。现在大家都已经长大成熟,如果在聚会中还把曾经的绯闻拿出来炒一炒,很可能会影响到对方原本和谐的家庭氛围,所以还是不提为好。

(4) 过去的糗事

糗事是每个人在生活中随时都可能发生的事情,过去后,偶尔想起来哈哈一笑就算了。最好不要在时隔多年的同学会上再提起来,也许我们在开这样的玩笑时并没有什么恶意,但并不意味着当事人也乐意让自己的糗事成为大家的笑料。

(5) 打听隐私

同学聚会,谁都有隐私,像比较敏感的问题还是不问为好。比如:"老赵,听说这些年你当老板发了,资产千万?""老周,你当初怎么就想着要跟老公离婚呐?""老刘,你说你都老大不小了,怎么还不结婚?"要知道,别人钱多钱少跟我们没关系,结婚离婚更是别人的自由,何必打听个没完没了。

(6) 谈论过于严肃的话题

聚会的主要目的是为了交流感情、增进友谊,所以要多说些开心的事情。不要老是和别人诉苦,没人会喜欢和一身负能量的人聊天。

除此之外,像夸夸其谈、揭人伤疤等行为同样是不受欢迎的。所以,为了避免在聚会上闹出什么不愉快,我们最好管住自己的嘴,不要说那些讨人嫌的话。

⇢ 第十章 ⇠

电话和网络聊天，如何展现你的高情商

1. 电话聊天的开场白怎么说

生活中,很少会有人特意提起"打电话第一句该怎么说"这类基础问题。因为大家觉得这是常识,一句"你好,在干吗呢"就能解决,哪里需要什么技巧。殊不知,这种开场白很可能会让电话两端的人陷入无话可说的境地。如:

"小静啊,这会儿干什么呢?"

"没干吗,混吃等死。"

"哦,没事,就是跟你打个电话问问。"

"呵呵……"

然后,就没有然后了。如果我们是那个接电话的人,开头就听到对方一句"干吗呢",我们可能会回复一句"没事,你干吗呢""吃饭呢,你中午吃饭了吗""有什么新鲜事要告诉我"……一次两次还好,但若是每次对方都期待由我们来展开话题,估计也会感到烦躁的吧。

因为在一般情况下,"干吗呢"的潜台词就是:"我很想跟你说话,但我又不知道该说什么,所以我要问'你干吗呢''你在哪儿呢'。看在我主动和你说话的份上,请你给我一个话题或者你开启一个话题吧。"简单来说,这就是一个强迫对方开启话题的句式。

因此，高情商的人会准确找到话题，从而让彼此的交流顺利进行下去。比如直接问："现在说话方便吗？"相信对方在没有什么特殊事情的情况下，都会实话实说。

下面，我们就来了解几种适合电话聊天的开场白：

（1）开门见山地说话

电话聊天由于缺少缓冲时间，所以在对方无法正确了解我们想要表达的信息时，会因为很难做出回应导致话题陷入尴尬中。因此，我们不妨直接省去多余的寒暄，开门见山地向对方传达自己这次打电话的目的。如："iPhone 6 上市了，陪我去买吧""《变形金刚5》上映了，一起去看吧""忘了告诉你，昨天你穿的裙子很漂亮"……这种干脆利落的开场白更容易获得对方的积极回应。

（2）巧妙地改变称呼

沈青梅有个小姑，年龄跟她差不多。虽说两人差着一个辈分，却是无话不说的"闺蜜"。而这与沈青梅高明的说话方式有很大关系。比如她每次和小姑通电话时，基本都是以"我靓丽迷人的小姑，你可想死我啦"为开场白。然后小姑就会在电话那头笑得花枝招展，并且问她最近要不要出去玩。

像这种"某某，你可想死我啦"的句式，情感张力强，还带点儿戏谑的味道，就是个很好的开场白。基本听到的人都会觉得很开心，并能够做出积极的回应。

所以说，改变称呼的方式不仅能够拉近与对方的关系，还能起到渲染气氛、缓解尴尬的作用。

（3）光明正大地询问

很多人打电话的原因其实很简单：查岗。他们执著地表示：

"我就是要查岗,就是要知道他在干什么,不查不放心。"这种时候,最好用正当的理由来询问对方。比如正大光明地问:"晚上聚会玩得开心吗?""你们什么时候结束?""你在哪儿我去接你?"……一般情况下,只要我们愿意坦诚相待,对方都会据实相告自己在哪儿,和哪些人在一起等。另外,除了有效的开场白之外,打电话聊天还有很多技巧,比如:

(1)明白对方在说什么

一般对方试图说的东西,就是对方比较感兴趣的东西,所以我们需要把握好对方的兴趣点。这样才能更好地把控双方聊天的节奏,也更容易达到好的聊天效果。

(2)听对方试图在哪些地方切换话题

在电话聊天中,我们要注意对方在哪些话题中会积极回应,在哪些话题中会表现得不耐烦。避免出现你侃侃而谈,而对方却"心猿意马"的情况。

(3)根据对方的性格选择话题内容

如果我们聊天的对象是一个非常健谈的人,那么我们最好不要跟他抢话题,否则对方不仅不会觉得我们健谈,还会觉得我们无趣。因此,与这种人聊天,最好选择配合对方,并在合适的时候简单评价一下,这样才会让对方觉得我们很会聊天。

如果我们聊天的对象是一个比较沉默的人,那就需要我们主动开发话题,并且设置一些能够引导对方参与的话题,彼此之间形成更多的互动,才能让对方感到愉快。

电话聊天与QQ、微信等软件聊天具有一定区别,如果我们能有效掌握这些技巧,定会为我们的人际交往加分。

2. 通过话筒，听出言外之意

叮铃铃，电话响了。

"喂。"

"怎么啦？听着你的声音有气无力的。"

"没事儿，可能是昨晚没睡好。"

"糊弄我是吧，就你那好像500万彩票飞走的失落感，你当我听不出来啊。"

"呵呵，你的感觉总是这么敏锐，是这样……"

电话交谈和面对面聊天，听者所关注的重点会有明显的不同。面对面聊天时，即便说话有所失礼，也可以通过表情弥补。并且只要话题的氛围不错，那基本就不会发生什么问题。但电话交谈却不一样，即便是再简单不过的"喂"，高情商的人也能从中听出话筒对面的人所包含的全部情绪。比如"喂"可以表现出说话之人的情绪：可能是随意而松弛的，也可能是友好而活泼的。

总之，就是因为双方看不到彼此的表情，可能会因为一句无心的话，而得罪对方或招致误解，这就得不偿失了。

因此，我们在接听电话时，一定要注意对方说话时的声调和语气。要让通话对象"如见其人"，或者是听出对方的言外之意，从而达到让双方都满意的通话效果。

比如当我们接起一个人的电话后，却听到对方不停地抱怨说："最近房租又涨价了，而且前段时间准备买一件衣服，结果却发现自己已经没钱了。"……

作为电话聊天对象,听了这些话,我们应该能找到对方隐含的信息。比如对方想表达的意思可能是这样的:我现在缺钱了,哥们儿你当初跟我借的3000元钱是不是该还了。我担心我若是直接跟你要钱,你会觉我没有兄弟情谊,所以,我不想直接说出来。另一个隐藏的信息可能是:现在兄弟我没钱了,作为哥们儿的你是不是应该主动"资助"我一些,好让我渡过难关。

当说话的人不好意思直接表达出来时,就需要聪明的听话者领会到对方话中的意思,进而才能把事情办妥。

星期五这天,周惜年通过电话向身在外地的主管报告最近的工作进度。结束后,周惜年开玩笑似的跟主管说:"主管,我最近真的快累死了,从周一开始,我基本都得加班到10点才能回家。您是不是得给我批几天带薪假期?"

主管闻声知意,马上笑着说:"哈哈,假期会有的。我知道小周你一直很努力,我也非常欣赏你的工作态度。你这个工作量确实有点儿重,这样,你先克服一下。公司现在正在招聘新人,到时候给你安排个助手,分担一下你的工作。"

作为主管,听到对方的话后,就应该马上领会到对方话中的信息。因此他知道对方的重点并不是想要假期,而是觉得自己的工作量太大了。所以,他马上对对方的工作表示肯定,并表示会给他安排助手。

所以说,通过电话,了解对方的言外之意是非常重要的。当我们想和对方联络下感情,于是就开始和对方闲话家常,并且越聊越起劲。对方想要马上结束话题,却又担心得罪人,只好勉为其难地应付。随着对方心情的变化,他可能会从郑重其事的"是",渐渐变为敷衍的"嗯""哦""是吗"……这种时候,我们就应该聪明地结束交谈,而不是继续我行我素。

另外,打电话时虽然相互看不见,但闻其声,便可猜其人。所以,我们还要考虑一下,我们在打电话时会给对方留下什么样的印象。正如玛佩尔教授所说的:"有很多人以为打电话的时候相互看不见,对方根本不在意自己的表情,其实,就算对方看不见,也能听得出来,而就算对方恰好没听出来,电话还在看着呢,你可千万不要小看了电话。"

3. 问候父母的电话要常打

一般情况下,我们和父母的通话模式是这样的:
"喂,妈,最近我没钱了。"
"好,等妈忙完这件事就给你打。"
"哦,那你记得打,没事儿挂啦。"
……

或者是这样:
"喂,爸,最近还好吗?"
"好,都挺好的。"
"好就成,我也没事,就是问问家里情况,那我挂啦。"
……

细想一下,习惯在拥挤的城市中工作的我们,累了就不想说话,回家也是屈指可数的几次,即便是打电话,也不知道该和父母说什么好。

但这种情况对高情商的人来说,完全不是事儿。他们总能在和父母的通话中,聊完天气聊健康,从爸爸最近研究的新菜式到妈妈前几天新学的广场舞,再到东家长西家短,每次绝对能聊半小时以上。

而每次通话都有的聊的方法,"问"是关键。比如问问家里最近有没有买什么新东西?爸爸说买了厨房用具,妈妈说买了新衣服,然后聊着聊着就聊到了最近有没有出行计划,哪些地方比较好玩等等。下面我们就来看看,给父母打电话,到底该说些什么:

(1)说说自己的每一点进步

当我们获得了什么成绩、奖励等,最好第一时间告诉父母。对父母来说,孩子的每一点成绩,都是最珍贵的礼物,他们会视为珍宝。

海悦给父母打电话时,总是喜欢跟二老说自己的进步。比如:"妈,昨天我谈成了一个单子,老板说我有能力,要给我加薪呢。""爸,今天上午我们老板又夸奖我了,说我办事靠谱、灵活,您闺女厉害吧!"

这不,上午刚开完会,她又给家里打电话了:

"喂,妈,我这个月在公司的销售排名第一,老板还在会上特意夸奖我了呢。"

"呦,是吗?"

"当然了,更何况我还是个新人,我们老板说我能取得这样的成绩很厉害。"

"是是是,你从小读书就好,一直是妈妈的骄傲。"

"就是嘛,我可是遗传了爸爸妈妈的所有优点呢。"

"你这妮子，就会哄我开心。"

"哪有，人家说的是实话。"

"哈哈哈，好，一天到晚……"

（2）说说近期的情况

如果是刚上大学或是刚参加工作的人，可以向父母详细介绍一下学校、公司的情况，最好拍些照片给父母看看，让他们对我们的生活更加了解。即便父母嘴上说："别老来电话了，我们都挺好的，不用挂念，省点儿电话费吧。"但他们却打心眼儿里喜欢听我们的声音。对于我们的感谢，父母可能会说："你给我少来虚的。"但他们的心里一定很高兴。

（3）多向父母讨教为人处世之道

我们的父母，可能没有高学历，更不是什么高官富商，但他们走的路比我们多，社会经验也比我们丰富。所以，我们可以多向他们取取经，问问他们对某件事的看法。

（4）个人感情问题，要多请教父母

我们的个人感情问题，绝不仅仅只是两个人的事，更是两个家庭的事。虽然现在已经不是什么"父母之命，媒妁之言"的年代，但我们还是要主动向父母介绍另一半，提前做好沟通，避免日后产生隔阂。

（5）少向父母伸手要钱

现在很多参加工作的人，在自己挣不了多少钱的情况下，依然花钱如流水，然后时常向家里要钱。我们没钱的时候，可以不向父母上缴。但心安理得地做"啃老族"，就有点儿过分了。所以，给父母打电话的时候，我们最好多关心一下对方的身体、生活等问题，多提"情"字，少提"钱"字。

聊完上面这些问题后，父母一般都会对我们说些关切的话语。比如："注意身体""少熬夜""早点休息""吃好点"……然后我们顺便就可以说："嗯，都挺好的。"再说说最近又买了什么新衣服，家里又买什么水果、牛奶、饮料等。像这种，了解父母身体情况，并结合自身生活经验，把一些合适、实用的小妙招及时推荐给父母。比如说父母有段时间便秘，如果刚好我们之前因为工作压力大，用过一段时间普洱茶，效果还不错，那不妨和父母说下。另外，最好经常给他们一点暗示，表示自己需要父母，请他们为我们做一点事，哪怕我们自己本身就可以做好。这会让父母觉得，自己还是很有用的。

事实上，孩子给父母打电话说什么都行，但尽量别说烦恼和忧愁。我们遇到困难，可以求助同学、朋友、同事。但不到万不得已的时候，就不要向父母求助了。

有报道说，有个女大学生刚就业，一遇到问题就找父母诉苦，动不动就声泪俱下。父母当时安慰她，担心孩子是不是受了什么委屈，背地里却老泪纵横，这简直就是在父母的心口上捅刀子。所以，当我们和父母说自己的近况时，要注意什么该说，什么该瞒着。

4. 微信搭讪，什么样的开场白才能吸引对方聊下去

都说"万事开头难"，想要在微信中成功搭讪，确实不容易。比如当我们的开场白是"你好，我想认识你。""看你的微信头像很有气质，你叫什么？"之类的话时，多半不会得到什

么回答。

但是,这并不能难住那些高情商的人。有人做过一个实验,当他把微信验证信息改为"头像是你吗,我好像见过你"后,80%都会验证并回复:"啊,你在哪儿见过我?"然后两人就能成功展开话题了。

杨岳祥通过微信"查看附近的人"搜到一个女孩,他马上把对方添加为联系人,并发送验证信息:"头像是你吗?我好像见过你。"对方很快回复:"我怎么对你没印象?""当时我在车里。""你这都能记住啊。""因为当时你给我的印象很深,我记得你挺高的,至少有1米7吧,还很白。""你认错人了吧,我还不到1米65。""呵呵,那估计你那天穿了高跟鞋了吧,要不你再发张照片过来,我看看是不是你?"……

就像这样,杨岳祥不仅和陌生女孩搭讪成功,还很自然地试探出了对方的身高、肤色等信息,不可谓不高明。下面,我们就来看看,在微信中与人聊天,什么样的开场白才能吸引对方继续聊下去。

(1)学会用"嗨"

在生活中,"嗨"明显比"你好"更显亲切一些。比如有人和我们打招呼用"嗨,我很想认识你",肯定比用"你好,我想认识你"更容易使人产生亲切感。因此,用"嗨"开始更好些,不仅能让人少了一些拘谨,也更容易促进彼此的交流。当然,如果对方是我们认识的人,并且为人严谨,那就要另当别论了。

(2)学会从微信昵称入手

当我们不知该如何说第一句时,不妨从对方的微信昵称入手。比如微信昵称为"会飞的鱼",那我们就可以同对方说:

"嗨，你好，原来鱼也长翅膀了呀，很特别的名字。"如果对方的昵称是水蜜桃之类的名字，我们也可以说："Hello，看来你很喜欢吃水果呢，尤其是水蜜桃。"

（3）从细节信息入手

像微信中的真人头像、签名、个人资料等，都可能成为搭讪的由头。比如："来北京旅行，你的签名让我想到了关于这个城市的许多细节。""三天后我就离开了，看着你的头像，我觉得不认识一下你我会后悔的。""嗨，看你的签名，你最近是在为某某事烦恼吗？"

（4）从朋友圈入手

先去看看对方的朋友圈有什么状态，然后点评里面一两个状态，再说："我发现你的朋友圈和我想象的不一样哎。"一般这种类型的开头，对方都会好奇地追问。接下来，我们就可以通过这一点来展开话题。

（5）从星座话题入手

如果对方朋友圈中有很多自拍之类的照片，不妨以此入手，比如说："我发现你是一个红色性格的人，这样的人开朗、热情，你应该是狮子座的吧？"这个猜测不一定准确，只是引出一个话题点，那么下面的聊天就会开展得比较顺利。

（6）无厘头的开始

比如直接发一句："嗨，美女，你下线了。"这种无厘头的开始很容易吸引对方的注意力，从而打开话题继续聊下去。

以上就是一些比较容易成功的搭讪方法，我们不妨试试看。其实，微信搭讪的开场白还有很多，只要我们能准确地找到那个切入点，那么话题就会顺利进行下去。

5. 网络聊天，怎么才能有聊不完的话题

有时候，我们会觉得和对方聊着聊着没有话题了。高情商的人表示，只要有心，话题从来都不会少，之所以会觉得没有话题，是因为我们不会聊天。

周云峰就属于那种很会聊天的人，无论和谁聊天，他总能引起对方的好奇心，然后把话题不断继续下去。比如有一天他和"一辆垃圾车"不期而遇，然后就有了以下对话：

"你今天过得怎么样？"

"真是一言难尽啊。"

"怎么啦？"

"你不会想知道的，太恶心了。"

"说说吧。"

……

如此，只要对方对他的话题感兴趣，聊天的时间就会无限延长了。

当有人问我们"今天过得怎么样"时，无论回答"不好"还是"很好"，都没有什么期待性。但如果我们能在回答这类问题时"下个套"，相信对方会很愿意与我们交流。下面，我们就来看看，有什么方法可以让我们永远不冷场。

（1）"欲擒故纵"

这就像钓鱼一样，"欲擒故纵"的聊天方式，也需要我们先用一个话题来"引诱"对方，等对方"上钩"后，我们再马

上"收线"。如此这般，一个话题就能顺利进行下去了。比如：

"如果我没猜错，你一定在国外留过学对吧？"

"是啊。你怎么知道？"

"哈哈，因为我以前也在国外待过两年。留过学的人都很有气场，我一眼都能看出来。不过你是唯一一个我不太肯定的。"

"是吗，那你……"

（2）说什么不重要，怎么说才重要

同样的话，不同的人、不同的境遇、不同的语气说出来，效果是不一样的。所以，聊天的重点从来不是说什么，而是怎么说。比如同样一句"没什么"，由遭受打击的人说出来就会体现出坚韧，但若是由吊儿郎当的人说出来就会显得"不走心"。

（3）学会"冷读术"

"冷读术"经常被心理医生应用于心理治疗方面，可以让一个人第一次见面时看透对方的心思，从而更好地与人交流。比如很多女孩都比较讨厌查户口式的询问方式，像什么"你多大了？""你是哪里人？""你叫什么名字？"……问得多了，对方肯定就不愿意继续聊了。但如果我们会"冷读术"，这些问题即便不问出口，也能知道个大概。

（4）学会关键字联想

通过对方所给出的有限内容来展开话题，就是"关键字联想"法。比如当对方说："我不喜欢那家理发店，上次剪头发差点给我剪成鸡窝。"那我们就可以通过对方的话进行联想，然后找到各种话题，如："我也有不喜欢的理发店，原因是……""我之前剪头发……""剪完头发后……"或者可以选择自己身边的一件物品来进入话题，比如看到泡泡糖，就想起小时候为了一个泡泡糖和表弟打架,然后两人……回忆的画面最好具有一定的趣味性,这样才能吸引对方的注意力,从而把话题继续下去。

(5)"诱导"对方讲出自己的故事

一般情况下,当我们想知道对方一些比较私密的事情,直接问肯定不好。但如果通过讲述自己的相关故事,那基本就可以成功"诱导"对方把自己的故事说出来。

另外,在相处初期,很多人都是依靠彼此之间的共同话题来维系。比如"原来我们是同一所高中毕业的呀""原来你也喜欢吃芥末啊"等话题,就很容易让不熟悉的人迅速熟络起来。一般这样的联系越多,双方成为好朋友或者恋人的概率也就越大。

6. 在微信群里和别人怎么聊天才受欢迎

周海素有"聊天群里的'终结者'"之称,因为他总喜欢在群里发一些不受大家欢迎的信息,并且一说话总能导致冷场。

有一次,周海不知从哪找到一条信息,说是转发就能走大运、赚大钱,不转就会倒霉,如何如何。有人看不下去了,就和他吵了起来:

"你什么意思,这是大家的群,你为什么要发这种东西?"

"就发了,怎么啦?又不是只有我一个人发,人家别的群也发。"

"那你去能发的地方发,别一天到晚发些垃圾信息污染空气。"

"说得你好像多干净似的,有本事退群啊。"

一句话引起了众怒,大家开始声讨他从前的一些不好的做法,比如在群里说话没分寸、发低级庸俗的图片、拿别人的隐私开玩笑、在群里煽风点火等。一顿争执后,周海仍觉得自己半点没做错,是这些人"太较真"了,才会联合起来排挤自己。最后,他被群主"踢"出去了。

一个微信群里,总有些人像周海一样不受欢迎。但是高情商的人却从不会有这种担心,即便偶尔因为自己的原因让群里冷场,他们也能找到方法"救自己于水火",让自己下台。下面,我们就来看看他们是怎么在微信群里聊天的。

(1) 根据所在群的类别发言

在一个群里说话,我们先要明白自己所在的群属于什么类型,以防"鸡同鸭讲"。比如在学术类交流群,我们却整天在上面发表美容妙方,肯定没人愿意搭理我们;如果那是个游戏群,我们却整天在里面讲服装搭配,也没人会觉得我们说得有趣。所以清楚所在群的性质,知道群里的成员都喜欢谈论哪方面的话题,非常重要。

(2) 和群里伙伴关系要好

一般在一个群里能说上话的人,和群里其他成员的关系也一定不算陌生。因为只有这样的人,才会和别人有话题可说,说出的话才会被别人所关注。所以说,我们一定要和群里的伙伴们关系好一些,这是能够让我们在群里形成"有话可说""有话能说"的基本"关系网"。

(3) 不要过于"语出惊人"

很多人觉得自己若是能够在群里"语出惊人",一定会受到大家的关注,因此经常用这招在小伙伴面前"露露脸"。殊不知,过于语出惊人的话,很容易让整个群陷入冷场状态。到时候即便有人想替我们找个台阶下,也无从入手。所以,在一个群里聊天,偶尔释放一下自己的独特性格没什么,但若是过于表现自己,就可能会遭遇"群殴"。

(4)跟上大家的"步伐"

所谓跟上群里的"步伐",并不是说我们要时刻"蹲"在群里聊天,而是要在聊天的同时,适当关注下别人在聊些什么。这样,当我们说话的时候,才不至于被别人当成陌生人对待。

要知道,网络和现实生活一样,若是我们不经常说说话,刷刷存在感,就算我们曾是这个群的主要人物,同样会被别人替代,毕竟会聊天的人有很多。

(5)不要整日絮叨你自己

在群里不停地絮叨自己,像什么说自己的光荣历史、优越感、情绪等,是一种非常容易让人感到厌烦的聊天方式。要知道,在一个群里,彼此简单地介绍一下自己没什么问题,但若是太过于"自我",就会失去群体的"团结感",从而导致发生冷场的尴尬。

(6)多一些趣语幽默

具有幽默感的人,总是受大家欢迎的,聊天群里也是如此。能幽默说话的聊天伙伴,一般被冷场的可能性不是很大,所以我们要记得让自己多些幽默感。

(7)少点"心灵鸡汤"

一般心灵鸡汤式的话题,比较适合安静时独自享受,而群里聊天,却是以热闹为主。如果我们在这种时候,张口闭口就给大家"灌鸡汤",别人肯定不知道该怎么接下去。所以,在群里说说闲话,甚至是发发牢骚都没问题,因为大家都是为了放松一下。至于"鸡汤",还是留在夜深人静的时候,独自"品尝"吧。

(8) 不要敷衍别人

有时候大家在群里说话,总有那么几个人无论说什么都用"呵呵""哈哈""嘿嘿""嗯嗯"之类回复大家。像这种敷衍的态度,相信没人会喜欢。如果有别的事忙,我们可以不说话,否则继续敷衍下去,估计没多长时间,就不会有人再愿意陪我们聊天了。

(9) 不要咄咄逼人

有些人只要觉得别人与自己的观点不同,就会用各种语言去攻击对方,力求让所有人都赞同自己。与这种人聊天,永远都是激烈地争执多于快乐的探讨。也没几个人愿意浪费自己的时间去看他的"表演",最后只能被大家遗忘。所以,不要咄咄逼人,即便觉得别人不对,也可以客气地指出,毕竟这样的争论,即便赢了,也毫无意义可言。

(10) 万一冷场赶紧"自黑"

聊天时,遇到冷场也没什么大不了的,也许是我们的说话方式有问题、也许是我们不小心得罪了谁、也许是我们在不适合的时候插了嘴……不管是什么原因,最好的办法就是赶紧"自黑"一下。这样不仅可以解除自身的尴尬,还能缓解冷场的氛围。

事实上,想要在一个群里聊天受欢迎,方法还是很多的,只要我们愿意"用心",定能和群里的小伙伴们打成一片。

7. 如何使用聊天表情，让自己更受欢迎

当我们兴致勃勃地在微信上，和很久没联系的朋友说一句"Hello"后，对方却一直没回复，准备放弃等待时，手机震动，高兴地点开微信，却发现只有一个笑脸挂在上面。于是我们就开始猜测，这个笑脸是代表高兴还是不高兴呢？

相较于面对面的聊天，QQ、微信之类的纯文本交流方式在表达个人情感上存在一定缺陷。所以，聊天表情的出现，在很大程度上弥补了这个问题。尤其是一个真正高情商的人，无论是在生活中还是聊天软件里，都更重视表情的运用，而不只依靠语言或是文字。

我们来看一下这种聊天方式：

"亲爱的，今天有事，不能和你共进午餐了，不好意思。"

"这家餐厅的座位我可是提前一周才预订到的。"

同样的文字，加上聊天表情后就会显得更加生动，如：

"亲爱的，今天有事，不能和你共进午餐了，不好意思。（抱歉表情）"

"这家餐厅的座位我可是提前一周才预订到的。（哭泣、可怜表情）"

相比之后我们发现，单纯的文字描述并不能很好地表达自己的情绪，但是加上表情之后就可以有效传达情绪。比如当我们想转移话题、停止交流、讥讽对方时，就可以回复他两个微笑的表情。它的表面意思是"你说什么就是什么""呵呵""微

笑着说再见"等，但实际意思却是"我懒得理你"。

这就像波兹曼曾经提出的"伪语境"理论，他认为，任何在线交流，都有某种符号在保证交流的"合法性"。而使用不同表情的人，同样会让自己的聊天风格产生一定的变化。比如即便是遇到很无语的事情，仍然可以依靠表情来让信息的整体变得更加积极，也更有利于形成和谐的聊天气氛。

下面我们就来了解一下，聪明的表情使用者是如何使用聊天表情的。

（1）减少皱眉的表情

剑桥计算机研究室的调查者以及雅虎实验室分析了 3100 多万推特，意在发现最受欢迎、影响力最大推特用户的特征。结果表明，这些推特红人会在发送的信息中添加大量的微笑表情。所以，他们最后得出结论：如果想增加人气，就减少皱眉的表情吧。

（2）意识到性别模式

研究网上交流的语言学家认为，女人在现实生活中更喜欢笑，而相关人员经过长期研究发现，女人比男人更喜欢使用表情符号。比如女人们发送出的信息似乎会显得更加"有意思""好玩"，而男人发出的信息则更加严肃一些。

（3）学会配合别人的情绪

武尔夫普尔顿大学网瘾研究员发现，男性虽然普遍使用表情的时候较少，但当他们和女性聊天时，就会更热衷于情绪的表达，同时也会增加聊天表情的使用次数。

（4）了解之后再使用表情

一般情况下，我们对陌生人使用表情的频率肯定比不上对朋友使用得多。比如当我们收到一个不熟悉的人发来的表情，心里多少会觉得有点儿"诡异"。所以，聊天表情的使用，最好是放在对对方有一定了解之后，以免被对方觉得我们太过"自来熟"。

（5）对不同的人应使用不同的表情符号

一般日本、韩国的聊天表情会更加倾向于横向，如"思考"是用"@_@"表示。但标准的美式表情则更加倾向于纵向，如"微笑"是用":)"来表示。另外，菲律宾、印度尼西亚等英语和当地语言混杂使用的地区，表情符号似乎也更偏向于纵向。而相较于从右往左阅读的语言，比如在阿拉伯语、希伯来语中，笑脸也会反过来，就像"(:"这样。

所以，当我们需要给国外的朋友发聊天表情时，这些小细节同样可以帮助我们缩短彼此的距离。

总而言之，在文字碎片化的今天，当我们在文字表达中渐渐丧失了表达情绪的能力时，聊天表情可以帮助我们通过情感的交流来达到相互理解的目的。所以，我们要学会使用聊天表情，让我们身边能多一些情感和趣味。

8. 如何礼貌结束微信聊天

曾有两位心理学家做过一个研究，表示社交结束语一般是由谈话内容小节、理由、积极影响、持续性和祝愿几部分组成。比如："你的意思我已经明白了，就是我应该去做的事情（谈话内容小节），但不好意思，我现在必须把剩下的工作完成（理由），希望我们以后再来谈论这个话题（持续性），祝你好运（祝愿）！"

与日常对话相比，微信聊天就显得更随意一些。所以我们也不会按照特定的套路说："我们聊得很愉快，希望下次还有机会与你畅谈。"而是会采用一些比较灵活的方式，比如直接发一句"下次聊"，然后再发一个很可爱的表情符号。

但是，生活中的对话并非都是双方互道结束语，也有可能是单方面结束话题。比如在对方正说得起劲的时候，我们突然说一句："不说了，我很忙。"像这种结束话题的方式，就显得比较粗暴了。

事实上，即便是面对迫不及待想要结束的话题，高情商的人也能找到许多借口，比如"我要去洗澡""我要去上厕所""我要睡了"……下面我们就来看看，如何结束微信聊天，才能让我们告别尴尬、敷衍。

（1）说错话式结束语

对于喜欢东拉西扯，非要死扛到底掰扯话题的人，杨若兰总能找到让对方瞬间闭嘴的方法。

这天，有个不太熟的人在微信上找她聊了些无关痛痒的话，她委婉地表示自己现在比较忙，有什么事可以等她忙完后再说。但对方好似没看出来，依然在那里问东问西，快中午的时候，对方还在发消息问："快到午饭时间了，等下要去吃什么？（微笑）"杨若兰不紧不慢地回了句："请稍等，资料我马上发你邮箱。"然后又说了句："啊，不好意思，发错了。"对方马上回复说："你在忙啊，那我们以后再聊，不打扰你了。"如此，对话就结束了。

这个方法比较适用于那些不太熟的人，当我们遇到这种明明没什么事，但就是不愿结束话题的人，不妨用这招来结束对话。

（2）"啊，我想去上厕所"式结束语

都说没有人能叫醒一个装睡的人，同样，没有人能阻止一个要去上厕所的人,无论这个理由是真的还是假的。试想一下,如果我们想去上厕所,那么对方怎么还好意思硬拉着我们倾吐心声呢。如:

"我好像喜欢上一个人。"

"啊,我想去上厕所。"……

完美结束对话。

(3)祝福式结束语

没人会嫌祝福多,尤其是中国人大多都喜欢吉利话。当一大串祝福语甩出来后,那个唠叨个不停的人估计也不想继续说话了。比如:

"坐在我旁边的那个人烦死了。"

"那祝你福如东海、寿比南山、日进斗金、龙马精神、芝麻开花节节高!"……

(4)"酷酷酷"式结束语

面对不想再聊的话题,但又不好直说,可以用"好的!""真棒!""酷酷酷!"之类的句式来回复对方,委婉地向对方表达"我不想再聊了"的意思。比如当别人一直跟我们说:"今天我做了什么事情,去了什么地方,吃了什么食物。"我们就可以回复这种夸赞式的回答。经过一段时间后,对方就会明白这个话题该结束了,从而完美结束对话。

(5)"哈哈"式结束语

一般爱笑的人运气都不错,所以,当我们遇到那种无论怎么明示暗示,都不能领会我们真实意图的人时,就用一连串"哈哈哈"去震慑他吧。记住,是一连串,一两个肯定是不够的。

（6）趣味结束语

聊到很晚，你想睡觉了，又不想直接说"我困了"，可以来一段幽默语，比如"天晚了，陛下快去休息吧。臣告退，明日再来觐见陛下。"如此结束，是不是会让对方莞尔一笑，愉快地放你去睡觉，然后渴望明天再接着聊。

此外，像什么"手机没电了""到饭点儿了""流量超标了"……只要显得不太突兀，都可以用来当作结束话题的理由。

要想礼貌地结束微信聊天，其实方法很多，只要我们能做到不动声色地结束话题，就是高情商的表现。

9. 怎样聊天能让陌生群友成为潜在客户

现在有很多人喜欢使用微信开展自己的业务，如果我们也是如此，那么当我们发现一个准客户，并且相互加为好友后，要怎么跟对方聊天呢？下面我们先来感受一下，这样聊天有什么问题：

"你好，在干吗呢？"

"你好，没在干吗。"

"你在哪里啊？"

"在公司上班。"

"你是干什么的啊？"

……

试想一下，如果你是客户，遇到这样一个开展微信业务的销售人员，你会怎么做？就这种聊天方式，别人愿意告诉你自己在哪儿，已经算脾气好的了，直接无视这条信息都是正常的。因为对方会想："你谁啊你，加了我，自己不先自我介绍一下，就先过来问我一堆个人私密信息，我凭什么告诉你？这都什么人啊！"

就这样，几句随意的话，马上就可能给对方留下非常不好的印象。所以说，作为销售，虽然需要主动出击，但在出击之前，我们需要先做点儿准备工作。比如翻翻对方的朋友圈，看看对方有什么兴趣爱好；看看对方在群里的聊天记录，知道对方在群里对什么话题最感兴趣。找到合适的话题，就可以开展自己的工作了。

但不管我们准备从哪个话题聊起，一定要记住先做自我介绍，这是最基本的尊重和礼貌。我们来看看下面这名销售人员是怎么做的。

"Hello，我是某某化妆品的霖子，很高兴认识你。我在你的朋友圈里看到你对美食很有研究，正好我也是个吃货，就忍不住来找你聊聊了，不知你现在方便吗？"

"嗯，我今天休息，原来你也喜欢美食啊，真是太巧了。"

"对啊，对啊，尤其是水煮鱼，看到你在朋友圈里发了一张水煮鱼的照片，我口水都要流出来了。"

"啊，那是我自己做的。"

"哇，看来你不止会吃，还会做，看起来和大厨有得一拼呢。"

"根据菜谱研究的，有时间会做一下。"

"嗯，这样真好。我就只会吃，手上功夫差多啦。"

"哈哈，每个人都有各自的兴趣嘛。"

"对，我还是喜欢跟我们的产品打交道，每次看到我们的产品又让谁谁谁变得更漂亮了，心里就觉得一切都值了。"

"哦，你们的产品是什么样的？"

……

后来，这名销售人员把自己的产品成功地卖给了对方。

通过微信开展业务，同样要注意"察言观色"。比如从对方发出的表情、符号等，从字里行间揣摩对方现在的心情和态度。一旦发现对方对我们的话题产生反感，就要马上用幽默的语言来转换话题，避免被对方拉黑。

另外，我们利用微信销售产品，里面肯定有一定的功利性因素存在，但功利性太重的人际关系，肯定是不能持久的。所以，当我们在陌生群友中开展业务时，最好不要简单地以销售自己的产品为目的，否则很容易被对方列为"拒接往来户"。更何况，从心理学的角度来讲，那些值得的或是得大于失的人际关系，人们基本都倾向于建立与维持；而那些不值得，或失大于得的人际关系，人们就会更倾向于逃避、疏远或终止。

所以，我们在与对方交流时，一定要注意适可而止。要是一次聊完，下次对方可能就会失去兴趣。不仅如此，我们还需要经常学习，提高自己，这样才能增加可持续的交往性。

另外，微信销售既然是一种销售，就必定会产生交易。如果没有交易，那么再好的微信沟通过程也只能是风花雪月。事实上，想要完成交易并不难，比如高情商的微信销售总能轻易解开客户的"心结"，实现成交。我们来看看他们是怎么做的。

（1）当对方说："我要考虑一下。"

遇到这种情况时，一般都属于客户对产品感兴趣，但可能是因为对方还没有弄清楚其中的某个细节，或者这只是对方的推托之词。无论是什么原因，都需要我们将问题的根源弄清楚，再对症下药。比如直接问："女士，我刚才是哪里没有解释清楚，所以您才会说您要考虑一下？"

或者利用人们喜欢占小便宜的心态，告诉对方买这件产品将会获得什么好处，如果错过了，就会失去某些到手的利益。如："先生，假设您现在购买，可以获得某某礼品。我们半年才有一次促销活动，如果您不及时决定，会……"

（2）当对方说："太贵了。"

这时，最好马上回复对方："一分钱一分货，其实一点也不贵。"然后再与同类产品进行比较，比如说："市场上某某牌子的同类产品需要多少多少钱，咱们这个产品不仅比它便宜，而且质量也比它要好得多。"或者将产品的几个组成部件拆开来，一部分一部分地解说，告诉对方每个部分都不贵，合起来就更便宜了。又或者可以将产品的价格分摊到每月、每周、每天，尤其是一些护肤、零食等复购率比较高的产品，这个方法很有效。如："这个产品你至少可以用半年，实际每天的投资也才几块钱。想想看你每天花多少多少钱，就能够获得这个产品，多划算啊！"

（3）当对方说："能不能便宜一些？"

当客户说出这句话时，就证明对方对产品非常感兴趣，那不妨告诉对方："单纯地用价格来进行购买是不全面的，光看价格，就会忽略产品的品质、服务、附加值等。"也可以告诉对方，目前这个价位已经是国内的最低价位了，再低肯定不行的。通过这种"亮底牌"的方式，可以让对方觉得这种价格属于情理之中，买得不亏。

想要让陌生群友成为我们的潜在客户，还需要我们慢慢摸索。毕竟微信只是我们的一个工具，更重要的是需要我们站在对方的立场去思考问题。只有这样，成功的概率才会随之增加。